幼儿安全教育
教师锦囊

刘晓红　秦广宁　王贵玲 ◎著

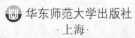华东师范大学出版社
·上海·

图书在版编目(CIP)数据

幼儿安全教育：教师锦囊/刘晓红，秦广宁，王贵玲著.—
上海：华东师范大学出版社，2020
（幼儿教师成长）
ISBN 978 - 7 - 5760 - 0283 - 6

Ⅰ.①幼…　Ⅱ.①刘…②秦…③王…　Ⅲ.①安全教育-
学前教育-教学参考资料　Ⅳ.①G613.3

中国版本图书馆 CIP 数据核字(2020)第 087557 号

幼儿安全教育——教师锦囊

著　　者　刘晓红　秦广宁　王贵玲
责任编辑　罗　彦　刘　雪
责任校对　徐素苗　时东明
封面图　率　菲
装帧设计　俞　越

出版发行　华东师范大学出版社
社　　址　上海市中山北路 3663 号　邮编 200062
网　　址　www.ecnupress.com.cn
电　　话　021 - 60821666　行政传真 021 - 62572105
客服电话　021 - 62865537　门市(邮购) 电话 021 - 62869887
地　　址　上海市中山北路 3663 号华东师范大学校内先锋路口
网　　店　http://hdsdcbs.tmall.com

印 刷 者　昆山亭林印刷有限责任公司
开　　本　787毫米×1092毫米　1/16
印　　张　10.75
字　　数　183 千字
版　　次　2020 年 9 月第 1 版
印　　次　2023 年 7 月第 2 次
书　　号　ISBN 978 - 7 - 5760 - 0283 - 6
定　　价　39.00 元

出 版 人　王　焰

前　言

安全问题是幼儿园工作的重中之重，甚至说安全至上也不为过。降低安全工作的风险不仅需要幼儿园制定合理的制度，更需要幼儿教师有丰富的教育管理经验。目前大多幼儿安全教育类图书有一个共同之处，就是以案例为主，即将幼儿在园一日生活中各个环节和流程可能出现的问题及曾经发生的典型案例进行汇总、分类和分析，从而提出相应的对策建议。这种编排体例的好处在于，让读者对幼儿园里发生的安全事故一目了然、清清楚楚，但在读者头脑里留下来的却是各种安全事故的场景。作为幼儿教师的读者，会觉得幼儿园里的安全事故无处不在、防不胜防；作为即将成为幼儿教师的读者，会心有余悸、望而却步；作为家长的读者，会对幼儿园放心不下、紧张兮兮，总是担心幼儿在园碰上什么安全事故。其实，幼儿园发生安全事故的比例是相对较低的，但是将这类事故集中起来讨论，就会让人产生紧张感。读者在阅读完这类图书后，不会对解决安全问题更有信心、更有办法，反而会更加恐惧和担心。

本书著者在进一步思考和讨论后，决定采取正向引导的方式对本书进行编排。面对一个个可能存在的安全隐患，我们应尽可能地提供多种应对办法。这样，读者头脑里留下的是各种解决问题的方法，他们能从中获得支持，从而更有信心地投入工作。鉴于此，本书以提供锦囊妙计为线索，汇总来自一线教师们的经验，希望并相信这些建议会给读者提供相应的启示和帮助。本书共分两篇。第一篇为实践篇，包括：第一章入园中的安全及应对策略；第二章生活活动中的安全及应对策略；第三章游戏活动中的安全及应对策略；第四章离园中的安全及应对策略。第二篇为说理篇，包括：第五章处理家园关系，排除安全隐患；第六章师幼心理安全及维护。

本书的作者团队成员均为来自一线的园长和骨干教师，他们将长期总结的经验汇集在这本《幼儿安全教育——教师锦囊》中。他们分别是：濮阳实验幼儿园的晁煜、王蕊、赖丽敏、李婵娟、曹旭宁,郑州市郑东新区普惠路第一幼儿园的殷茂萍,江苏省镇江扬中市三茅中心幼儿园的杨映红,河南师范大学附属幼儿园的郭玉梅,五十四军幼儿园的郭惠芳、韩峻岭,新乡市育才幼儿园的王冬梅、和苗,荥阳市第三幼儿园的蔡春丽,新乡市平原示范区滨湖幼儿园的单瑞雪,杭州市滨江区浦乐幼儿园的沈丹丹,焦作师范高等专科学校的王贵玲,商丘学院应用科技学院的赵旭、张亚楠、黄晓月,商丘工学院的郭正强,郑州财经技师学院的赵准,郑州黄河科技学院的周成玉以及河南师范大学的研究生邓宇超。全书由河南师范大学的刘晓红、郑州科技学院的秦广宁负责统稿。

幼儿园的安全工作非常繁琐,涉及幼儿园的方方面面和边边角角。本书有限的笔墨不足以涵盖所有的问题,仅为抛砖引玉,希望更多的同仁能将您宝贵的经验奉献出来,不断完善我们的幼儿园安全工作。

著　者

2020 年 7 月

目　录

实践篇

SHI JIAN PIAN

第一章　入园中的安全及应对策略

　　入园是幼儿在园一日生活的开始,也是幼儿园安全的首要环节。由于幼儿来园的时间早晚有差异,因此,幼儿入园时是教师、幼儿和家长个别互动的好时机。在互动中,教师应特别关注幼儿的安全问题,如关注幼儿情绪、身体状况及携带物品等,做到爱心与细心兼具,保证幼儿安全、开心入园。

　　入园环节主要包括晨检、早操、晨间接待、晨间活动等,不同的幼儿园,其入园环节所包含的内容也不尽相同。本章主要探讨晨检和晨间活动,这是大多数幼儿园入园的两个重要环节。

第一节　晨检

　　晨检是晨间检查的简称,是指幼儿每天入园时,须在幼儿园门口接受保健医生,以及在教室门口接受值班教师的观察和咨询。晨检是幼儿安全、健康入园环节中的第一道关卡,在幼儿园保健工作中起着举足轻重的作用。在当下,幼儿安全已成为家长们关注的首要问题,入园晨检在幼儿园安全工作中更显出其重要性和必要性。

安全清单

序号	活动场地/设施/行为	危险源	可能导致的事故
1	有传染病或其他症状	疾病(手、足、口、眼睛)	疾病的传播,病情的延误
2	携带危险物	物件小、尖锐,易吞食	意外吞食,划伤,塞进鼻子、耳朵等
3	带药	药品的使用不正确(用量是否填写清楚、正确)	病情加重
4	幼儿独自入园	无家长监管或家长没将幼儿送到教师手里	走错班、走失(摔伤)

一、防传染病

 妙招：五步法

目的：及时发现疾病，及时就医，防止疾病在幼儿园传播，保障幼儿健康。

方法：

(1) 摸：摸幼儿额头、颈部和手心有无发热。

(2) 看：看幼儿精神和面色是否正常，有无流涕、流泪、结膜充血，身上有无皮疹，咽部是否充血，体表有无伤痕。

(3) 问：问幼儿在家的饮食、睡眠、大小便等基本情况及有无传染病接触史。

(4) 查：查幼儿是否携带不安全物品。

(5) 防：在传染病流行季节，应重点检查幼儿有无传染病接触史及早期症状和体征。

二、防携带危险物

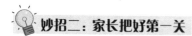 **妙招一：简单就好**

目的：切断危险源。

方法：

及时告知家长，不要给幼儿佩戴饰品挂件。家长在购置幼儿衣物时，应避免服装上面有塑料装饰、亮片、珠子、帽子、带子等，尽量不让孩子穿系鞋带的鞋子。

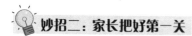 **妙招二：家长把好第一关**

目的：避免幼儿从家里携带危险品入园。

方法：

入园前，家长应先检查幼儿衣物口袋里是否携带危险物品，然后再送幼儿入园。

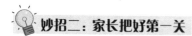 **妙招三：爱我你就抱抱我**

目的：教师及时发现幼儿携带的危险品。

方法：

幼儿在园美好的一天，可以从教师"爱的抱抱"开始。负责晨间接待的主班老师，在看到家长带领幼儿来到班级门口时，可蹲下身子抱一抱幼儿，亲昵地和幼儿打个招呼,顺便摸一摸幼儿的额头,近距离地观察一下幼儿的情绪,同时摸一摸幼儿的口袋,检查幼儿口袋里是否有危险物品。这样做既增加了幼儿和教师的亲近感,又能随时发现幼儿的异常情况,同时让家长感受到教师对幼儿的爱,对教师更加信任和放心。

【案例回放】

案例一:一天下午,某幼儿园中班小朋友小超,趁教师不注意时捡起一个小纸团并塞入鼻腔。后来他想用手指把纸团挖出来,谁知道越挖越深。老师问他为什么老挖鼻孔,小超才把情况告诉老师。由于纸团塞得较深,很难取出,老师第一时间找到园里的保健医生,保健医生马上送小超去医院,并立即通知家长到医院共同处理。由于处理及时,医院最终将异物取出,但因为鼻黏膜出血,幼儿需要住院治疗。

案例二:在美国的一家幼儿园,教师搬出一个大塑料盆,里面是厚厚的一层花生、豆子等五谷杂粮。我在想,这是给孩子们玩的吗?没错,几名幼儿一起跑过来,手里拿着各种小玩具,玩起了装豆子、倒豆子的游戏,还将豆子想象成苹果派、香蕉派、咖啡等,玩着相互买卖或赠送的游戏。我走上前问他们:"豆子可以塞到鼻子里吗?"孩子们看着我,非常认真地说:"豆子煮熟了可以吃。"

【案例分析】

案例一是一起由于异物进入幼儿鼻腔而导致的安全事故。幼儿好奇心强,对一切事情都想尝试一下,但不懂危险,因此,许多大人不在意的小物品往往会成为伤害孩子的凶手。案例中的小超趁教师不注意,将小纸团塞进鼻腔里的行为是教师不能预见的,因此,教师要经常对幼儿进行安全教育,以免幼儿将小东西塞到嘴里、鼻子里或耳朵里。教师虽然常常向幼儿发出"豆子、花生不能塞到鼻子里,这样很危险"等警告,而且幼儿园也为了避免事故发生,要么不给幼儿提供这类材料,要么将这些材料装在瓶子里或装在盖着塑料膜的盒子里,使得幼儿只能看不能摸,但事实上,幼儿并没有因为教师的警告和幼儿园对材料的保管而有所收敛,冒险尝试的例子仍然不少。

案例二与案例一截然不同。美国的幼儿教师堂而皇之地将这些所谓的"危险"物件拿出来供幼儿尽情玩,难道他们不怕幼儿做出将小物件塞进鼻子里等危险行为吗?其实,从幼儿的回答中,我们可以做出基本判断:教师并不是用"如果你怎么样,就会怎么样"等警告、恐吓、训斥之类的方式来告知幼儿危险。因为这种方式非但不能让幼儿望而却步,反而会强化他们做出危险行为的意识,甚至激起他们尝试的好奇心,结果适得其反。教师只需告诉幼儿如何正确使用材料即可。当幼儿懂得如何正确使用这些材料时,安全事故将会减少,甚至不会存在。同样地,剪刀、锤子、刀子等工具亦如此。

【案例启示】

(1)幼儿园和家长应掌握一般事故的应急处理方法。教师处理不好时,应及时求助幼儿园保健医生。

(2)幼儿园和家长提供给幼儿的玩具不要太小,危险物品要放在幼儿拿不到的地方。

(3)告知幼儿小物品和工具的正确使用方法,而不是对其不当的使用方法进行警告、威胁或恐吓。

三、防用药事故

 妙招:我的健康很重"药"

目的:安全用药,既是保护幼儿,也是保护教师。如果幼儿带药入园,需要出示医院开的药方;如果是在药房买的药,家长要带上药房医生开具的服药说明。这两者具备其一,保健医生才能给幼儿喂药。

方法:

在幼儿病情不严重的情况下,带药入园需要遵循以下几点:

(1)家长只带中午一次的药,并将药的使用方法向幼儿教师交代清楚。记住要告知家长,不允许幼儿自己带药进入幼儿园。

(2)药品要正规。带入幼儿园的药品必须是正规医疗机构医生开具的药品。

(3)认真登记。每班备有药物登记表,由家长亲自填写,包括幼儿姓名、带药时间、用药量、服药时间,并请家长签名以及负责教师签名。

注意:幼儿的服药记录、缺课记录、病因追踪记录一定要认真登记,教师给生病幼儿的家长打电话、发短信的信息和记录也要全部留存,不要怕麻烦,这也是教师自我保护的一项重要证据。

(4)及时追踪。如果班上出现生病的幼儿,尤其是传染病高发期,教师除了要留存好各项记录外,还可以通过家访了解幼儿的真正病因,做到防患于未然。

【案例回放】

丫丫小朋友发烧几天,服药后退了烧,妈妈带药送丫丫入园。丫丫妈妈在路上接到单位电话,有急事须立即办理,她只好委托丫丫班上一位小朋友的妈妈代劳。

保育员按照家长传达的意思给丫丫喂药,结果午睡后发现丫丫叫不起来,病情加重。幼儿园保健医生怀疑丫丫是超剂量服药所致的药物中毒。教师立即送丫丫到医院抢救,所幸抢救及时,平安无事。

【案例分析】

这一案例看起来是误用药物引起的中毒事件,实际上却暴露出幼儿园在药品管理中的一些问题。

丫丫妈妈委托他人代为传话,交代老师服药要求,可能是因为中间语言表达不准确,没有讲清楚药物剂量和服用方法,导致事故发生。从事故发生的因果关系来看,幼儿家长是委托方,因委托的语言存在明显失误,应当承担事故的主要责任。但从另一方面来看,这件事故反映出幼儿园的卫生保健工作制度不健全,如对幼儿服用的药品没有统一管理、无专人负责,对幼儿用药没有严格的审查登记制度。

【案例启示】

(1) 幼儿园应加强药品管理,聘请合格的专业医务人员统一管理药品,同时建立幼儿用药审查登记制度。

(2) 为有效避免药物中毒事故的发生,建议小型幼儿园由医务保健人员亲自喂药,大型幼儿园可在医务人员的指导下由教师喂药。

四、防幼儿走失

 妙招:Good morning, teacher

目的:安全交接幼儿入园。

方法:

(1) 幼儿园及班级教师事先做好家长工作,要求家长一定要将幼儿送到值班教师手上,切不可因着急上班,就把幼儿送到大门口,让幼儿独自进班。

(2) 班级教师应做好幼儿工作,让幼儿要求其家长和教师说"早安"。

（3）门卫师傅要多留心，假如发现幼儿独自进园，应及时询问幼儿并联系班级教师；在幼儿进入班级后，值班教师应及时联系家长，并做好家长的思想工作。

【案例回放】

一位爷爷送一名6岁小女孩上幼儿园，在离幼儿园门口不远的地方停下来，让小女孩自己走进去。就在短短几百米的路上，一位妇女突然出现在小女孩面前，强行将小女孩带走。此刻，小女孩并没有大声呼救，也没有激烈反抗，而是顺从地跟着妇女，俨然像母女二人。当走到一个路口时，小女孩看到警察站在那里，瞬间用力挣脱女人的手，快速跑到警察身边，抱着他的腿哭着说"她不是我妈妈"。警察上前盘问才发现，该妇女为精神病患者。小女孩躲过一劫。在警察的追问下，小女孩很清楚地说出了自己的家庭地址和父母电话，并清晰地讲述了整个过程。警察很快联系上小女孩的家人，并要求家长今后务必将孩子交到老师手里。

【案例分析】

此案例中，小女孩遇到陌生人时，没有按照师长通常告诫的如"不跟陌生人走"或"遇到陌生人立即喊叫或求救"等方式做，而是很淡定地顺从跟随，伺机寻找机会，这反映了小女孩具有很强的情境判断能力。

另外，当小女孩看到民警时，能准确描述被拐过程，使民警排除嫌疑人的语言干扰，迅速判明情况；能准确报出姓名及其家长的联系方式，使民警快速获取关键的信息，从而与其家人、教师取得联系。小女孩的这些表现都反映出她有较强的自我保护意识和较强的情境性知识，以及在具体情境下的准确判断能力。

【案例启示】

（1）告诉幼儿当孤立无援时，不要过度反抗，避免刺激嫌疑人，以保证自身安全。同时静观其变，等待机会逃脱。

（2）认识警察，对警察的外观标识特征、职业身份有准确的认识。知道有危险时要求助于警察。

（3）试着将全家人的姓名、电话编成儿歌，让幼儿牢记在心。告诉幼儿遇到"坏人"时不要慌张，当"坏人"带着她经过人多的地方时，一定要喊救命以寻求帮助。

防拐的童话故事

一、故事《人多的地方也有大灰狼》

一个国家叫神秘岛,神秘岛里是无边的大森林。一望无际的绿色草地,开满了不知名的小黄花;森林的尽头是宏伟的大教堂。

早晨,一只小兔去上学,他叫瑞贝特,他需要穿过大森林。森林里出奇地安静,很久才能见到一只小动物。瑞贝特遇到了小马,问:"森林里有大灰狼吗?"小马说:"没见过。"小兔又见到小狗,问:"森林里有大灰狼吗?"小狗说:"没见过。"

当小兔走近大教堂时,他才放心了。教堂里有美丽的风琴,还有好吃的小点心呢。他心想:世界上根本就没有大灰狼。教堂边,小动物欢蹦乱跳,像过节似的。一个戴头巾的老婆婆笑眯眯地走过来,手里拿了一根红红的胡萝卜。突然,小兔看到老婆婆裙子下面有一条大尾巴,笑着说:"我吃饱了。"就蹦蹦跳跳地跑走了。气得狼外婆嗷嗷叫。

原来人多的地方也有大灰狼。

二、故事《有毒的蘑菇》

英国几乎天天下雨,下一会儿,停一会儿。所以,英国人常常见面就问:"带伞了吗?"就好像中国人见面都说:"吃了吗?"

英国雨伞多,蘑菇也多。雨伞和蘑菇长得很像,听说他们是表兄弟。

长得美丽的蘑菇都有毒。

宝儿是个贫穷的采蘑菇的孩子。他和生病的爷爷生活在大森林里。有一天,在一棵大树下面,宝儿看见了一株好大的蘑菇,蘑菇头上白得像牛奶,蘑菇的伞上有七颗红色的小星星。在太阳的照耀下,七颗红色的小星星闪闪发亮。宝儿可高兴了,小心地采下蘑菇放在篮子中。宝儿想:这么好的蘑菇一定要送给生病的爷爷呀。

他快步跑回家,不巧又遇上了大雨,七颗红色的小星星蘑菇在雨中越长越大。突然,宝儿发现:一滴滴雨水从蘑菇上流下来,流过小草,小草马上枯黄了;流过小树,小树也马上干枯了。原来,七颗红色的小星星蘑菇是一株有剧毒的蘑菇!

有时,你会看见一个面目慈祥的人,然而,这种人也不一定都是好人。我们不能凭借一个人的长相来判断人心的好坏。

人和蘑菇是一样的。

第二节　晨间活动

　　晨间活动是指从入园晨检结束后到上课(集体教育)这段时间的室内、室外活动。晨间活动有利于幼儿锻炼身体,协调大肌肉动作发展,调节入园情绪,因此它是幼儿园入园环节中的重要活动。晨间活动非常有必要,故活动中的安全同样值得注意。

安全清单

序号	活动场地/设施/行为	危险源	可能导致的事故
1	户外活动时,幼儿情绪不稳定	跟随其他家长离开,或跟随其他班级离开	走丢
2	器械类型、数量	无法控制器械、玩具的争抢	受伤
3	有先天性疾病的幼儿参加活动	疾病的突然发作	病情加重
4	幼儿离开教师的视线	打闹、嬉戏	摔伤

妙招锦囊

一、防走丢

 妙招一:给幼儿最美好的"抱抱"

　　目的:稳定幼儿情绪。

　　方法一:

　　怎样让幼儿感到教师很亲切,很喜欢自己,觉得幼儿园很安全呢?不妨给幼儿一个最美好的"抱抱"。教师每天早上可以给来园的幼儿一个最美好的拥抱,因为它影响着幼儿入园一整天的情绪。无论教师有多忙,每天早上都应展开双臂,用最温馨的问候、最甜美的微笑、最安全的拥抱,为幼儿开启美好、快乐的一天。

教师在拥抱幼儿的过程中,可以运用一系列的活动来吸引他们,如:抱着幼儿唱歌、念儿歌、做游戏(坐小马、炒豆豆、开飞机)、玩玩具、个别交流与谈话等。幼儿特别喜欢教师抱着他们做一些有趣的活动,这样能使幼儿的情绪变得很愉悦,并能很快稳定下来。因此,教师千万不要疏忽、吝啬这一"抱抱"。

方法二:

对刚入园的幼儿来说,"点名活动"对促进其情感发展有着十分重要的作用。有趣的点名游戏可以稳定幼儿的情绪,暂缓幼儿焦虑、紧张的心情,并能使其逐步适应集体生活。

点名时,教师可以呼叫幼儿所佩戴徽章上的动物名称。当初入园的幼儿情绪还不够稳定时,教师亲切呼唤幼儿的昵称,幼儿用笑笑、点头、语言等方式回应教师,教师再以微笑、抱抱等方式回应幼儿,这样良好的师幼互动能使幼儿快速适应在园生活,并保持心情愉快。注意:在活动过程中,教师必须以积极的情绪回应幼儿,让幼儿感受教师对他(她)的喜爱并鼓励幼儿大胆回应教师的关爱。

 妙招二:宝贝的"新生"徽章

目的:根据徽章帮助幼儿找到自己的班级。

方法:

对于刚入园的幼儿来说,在入园的前几个月内,可给其佩戴"新生"徽章,如小小一班的幼儿标志是"小熊",小小二班的标志是"小白兔",小小三班的标志是"小猪"。这样,当幼儿跟着其他班级走的时候,教师可以迅速判断该幼儿是哪个班的,并尽快帮助其归队。

二、防玩器械、玩具时受伤

 妙招一:"你们一定有办法"

目的:避免幼儿之间争抢玩具。

方法:

当幼儿争抢玩具时,教师首先要静观,明白他们争抢的缘由,然后引导幼儿自己想办法解决问题。教师可以鼓励幼儿说"你们一定有办法",也可以提出几种解决方案,比如让幼儿彼此交换着玩,可以用"石头剪刀布"的方法决定,也可以按先后顺序进行等。解决问题的办法有很多,需要教师有智慧地选择使用哪一种。对于小班幼儿而言,他们喜欢平行游戏,最好一人一器械,或一人一玩具。

 妙招二：根据器械定场地

目的：避免幼儿受伤。

方法：

（1）应尽量将球类活动安排在塑胶场地。

（2）因攀爬类器械有一定的高度且活动具有难度,可以将此类活动安排在草坪上进行。

（3）可以将钻、投掷之类的器械活动安排在土地或水泥地进行。

（4）对于一些危险性较大的器械活动,可以考虑先固定其练习场地,再由幼儿园统一做好各项保护措施。

三、防疾病的发作

 妙招：做个安静的小宝贝

目的：避免有疾病的幼儿参加户外活动。

方法：

对于有疾病的幼儿,教师应根据实际情况尽量避免其参加户外活动,可以安排其和另一位教师在室内做一些安静的游戏,如：看图书、折纸等。

四、防幼儿离开教师的视线

 妙招：明确分工

目的：让每个幼儿都在教师的视线范围内。

方法：

教师和幼儿是亲亲热热的一家人。主班老师的工作很有挑战性,一定要合理安排晨间接待的每个细节,通过分工合作才能把班级管理得井井有条。具体分工如下：

主班老师——负责晨间接待,和家长进行简短的沟通交流,观察幼儿的身体情况和精神状态。

配班老师——负责检查班级环境是否安全,整理区角游戏材料,组织幼儿有序地进行晨间活动。

保育老师——在做好卫生消毒、开窗通风的工作后,待在能看到活动室和洗手间的地方,保证所有幼儿在老师的视线范围之内。

幼儿——根据年龄特点进行安排。可以在中、大班建立值日生制度,明确值日生职责,让幼儿自己监管,包括排队喝水、正确洗手、保证地面干燥、防止滑倒等。这样不仅能锻炼幼儿的自理能力,也能让教师省出一部分精力,更好地去做其他工作。

第二章 生活活动中的安全及应对策略

由于幼儿年龄小、生活自理能力缺乏,生活活动成为幼儿园一日活动中的重要组成部分,同时也是幼儿园所独有的活动形式。本章从盥洗、进餐、漱口、喂药、喝水、午睡六个环节来详细阐述生活活动中的安全隐患及化解妙招。

第一节 盥洗

盥洗是幼儿在园一日生活的重要环节。由于盥洗在一日活动中属于频率高、自由度高的环节,且活动场地大都是瓷砖地面,所以需要教师在此环节辨识危险源,加强安全关注、安全预防、安全教育的意识和行为。

安全清单

序号	活动场地/设施/行为	危险源	可能导致的事故
1	盥洗区地面有水	湿滑	幼儿摔伤
2	盥洗区墙面和地面的瓷砖破裂	缺口锋利、绊脚	幼儿碰伤、划伤、摔伤
3	盥洗时的幼儿人数多	拥挤、碰撞	幼儿碰伤、摔伤

妙招锦囊

一、防湿滑

造成盥洗区地面湿滑的主要原因有以下几点:一是幼儿洗手时,把水龙头开得过大,溅出来的水导致地面湿滑;二是幼儿洗手后没有擦手,水滴到地面上,并随着盥洗室人数、使用频率的增加造成地面积水;三是教师对地面积水清理不及时。针对上述原因,可采用的妙招有以下几种:

 妙招一:面条水

目的:让幼儿学会控制水龙头的水量。

方法:

控制线

贴上控制线

（1）先让幼儿观察不同的面条粗细,告诉幼儿水流像细面条一样才可以洗手。

（2）可在水龙头上贴控制线,便于小班幼儿控制水流大小。

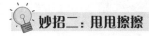 **妙招二：甩甩擦擦**

目的：帮助幼儿养成洗完手在水池内甩掉水滴和擦手的习惯。

方法：

教会幼儿趣味洗手法,如通过看图片、说儿歌等方式来学会洗手。

小鱼小鱼游游(手心搓搓)

小鸭小鸭嘎嘎(手背搓搓)

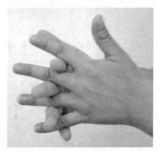

螃蟹螃蟹爬爬(指缝搓搓)

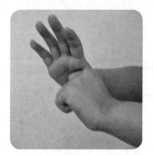

小虫小虫钻钻(大拇指搓搓)

小鸡小鸡叽叽(指尖转圈圈)

大象大象卷卷(手腕搓搓)

小手小手甩甩　　　　　　　　　小手小手擦擦

 妙招三：干湿搭配

目的：保持地面干燥。

方法：

保持地面干燥不仅能避免幼儿滑倒，还会让盥洗区变得干净整洁，给幼儿创设良好的生活环境。为此，保育老师可采用干湿拖布分开的方法，即确保有干燥的拖布，便于随时擦干地面水渍。

 妙招四：铺防滑垫

目的：避免幼儿滑倒。

方法：

在易集中大面积水渍的、难以拖干的地面铺设防滑垫，这样可以有效避免幼儿滑倒。

二、防碰伤、划伤

 妙招：定时排查

目的：排查和消除安全隐患。

方法：

（1）发现、记录并上报。每天早上幼儿进班前或离园后，教师要仔细查看盥洗区的地面、墙砖有无损坏，一旦发现问题及时记录并上报幼儿园相关管理和维修部门。

（2）应急补救。对于瓷砖有缺口的地方，可暂时用橡皮泥填补，贴上胶带，并提醒教师和幼儿远离，等待相关人员维修。

三、防拥堵

妙招：分组洗手

目的：预防盥洗区拥堵。

方法：

幼儿园盥洗区大都面积不大，合理控制人流量是避免拥堵的有效方法。教师可在每个洗手池前安排固定人数的幼儿，如6个小朋友一个水池。对于小、中班幼儿，还可用张贴照片的方式固定洗手的位置；对于大班幼儿，可以选出小组长，由他提醒组内幼儿排好队、关好水龙头，可每天轮换一个小组长。

分组洗手

第二节　进餐

进餐是幼儿摄取身体生长发育所需营养的重要环节，也是幼儿生活学习的物质前提。进餐时的习惯、礼仪、自理能力等都对幼儿今后的生活有着重要意义。幼儿园的进餐安排多为两餐一点或两餐两点。进餐可分为餐前准备、餐中摄入和餐后整理、消食几个环节。在幼儿园生活中，由于安排不当，会使幼儿的进餐环节存在很多安全隐患，给幼儿的健康成长带来影响。为此，教师需要有效组织幼儿进餐，做好安全防范，加强对幼儿的安全教育，努力做到防患于未然，为幼儿健康饮食保驾护航。

安全清单

序号	活动场地/设施/行为	危险源	可能导致的事故
1 （餐前组织时）	餐前准备、安静活动	备餐车和幼儿活动的冲突	幼儿撞洒食物、滑倒、摔倒
	挑食、偏食行为	幼儿进食挑剔	幼儿营养不良、发育迟缓
	食物和餐具温度	温度超过40度或低温	幼儿皮外烫伤、食道烫伤、肠胃受损闹肚子
	食物的加工、进食前的检查	食物间的相生相克、变质检查	幼儿食物中毒

序号	活动场地/设施/行为	危险源	可能导致的事故
2 (就餐进行时)	幼儿取餐	路线不当、拥挤、碰撞	幼儿碰伤、摔伤、绊倒
	餐具的使用	把玩餐具、使用不当	幼儿戳伤、划伤
	对食物的咀嚼和吞咽	大块吞咽、食物进入气管、鱼刺、骨头	幼儿呛卡、窒息
	幼儿暴饮暴食、教师劝食	进食过量	幼儿吐食、消化不良、肠胃受损
3 (餐后散步时)	餐后整理、散步	餐后马上剧烈运动	幼儿吐食、消化不良、肠胃破裂

妙招锦囊

一、餐前组织时

(一)防撞洒食物

我国大多数的幼儿园是餐教合一的,也有少数幼儿园有独立的餐厅。保育老师在备餐时,应和幼儿保持2—3米的安全距离,以避免幼儿撞到食盆或食桶,造成伤害。带班老师对此环节的组织非常重要,可以进行的内容有: 安静游戏、餐前故事、律动、食物营养介绍等。

 妙招一:安静小游戏

目的:避开备餐车。

方法:

可以让幼儿坐在椅子上做游戏,例如可以玩送信的游戏(每个幼儿代表一个城市名),具体玩法如下:

叮铃铃!(站着的幼儿说)

谁呀?(全体幼儿问)

我是小小邮递员。

(一名幼儿站起来边说边做送信的动作)

哪里来的信呀?(全体幼儿问)

×××(城市名)来的信呀!(站着的幼儿回答)

送给谁呀?(全体幼儿问)

送给×××(城市名)。(站着的幼儿回答)

接下去由被点到名的幼儿站起来重新开始问答。

注意：最好能让幼儿熟悉不同城市的名称，让他们在玩游戏的时候不要重复说同一个地名。

 妙招二：营养小律动

目的：让幼儿自然避开备餐车，并了解食物的营养，养成不挑食、不偏食的好习惯。

方法：

教师可让幼儿做一些营养小律动。

拍手两次，挽袖子。（做挽袖子状，重复4次）

拍手两次，洗××菜。（做洗菜状，重复4次）

拍手两次，切××菜。（做切菜状，重复4次）

拍手两次，炒××菜。（做炒菜状，重复4次）

拍手两次，撒点盐。（做撒盐状，重复4次）

拍手两次，拌一拌。（做翻炒状，重复4次）

拍手两次，炒好了。（做装盘状，重复4次）

拍手两次，香不香。（做闻菜状，重复4次）

注意：游戏结束时，教师或幼儿自己可在双手托着的菜盘前闻一闻，赞美幼儿（自己）炒的菜，做出把菜全吃光的动作。

（二）防烫伤

在进餐环节，常有因食物温度过高而造成幼儿烫伤的情况，教师只要能把握几个细节，即可确保幼儿安全。

 妙招：层层把控温度

目的：把烫伤杜绝在幼儿未接触饭菜之前。

方法：

（1）厨房控制温度，注意夏季散热，冬季保温。（温度控制在40度左右）

（2）取来的饭菜要放在餐桌安全处。教师要把好关，保证幼儿进食的食物温度适宜。（再次用手背在餐桶外壁试温）

（3）根据季节灵活调整分餐时间及幼儿进餐时间。

（4）培养幼儿的安全意识，避免发生烫伤。

【案例回放】

某幼儿园保育老师在从厨房打饭上楼梯途中，遇到另一个班的幼儿排队紧随其后上楼，拥挤中饭洒了一地，导致紧随其后的幼儿右侧手臂烫伤。

【案例分析】

（1）厨房师傅和保育老师没有严格把好控温关，导致幼儿大面积烫伤的米饭的温度至少在80度以上。

（2）另一个班的教师在餐前准备环节没有合理组织幼儿进行安静活动，当发现前面有餐桶时也没有察觉到存在的安全隐患。

【案例启示】

（1）饭菜温度应该层层严格把关，即使饭菜洒到幼儿身上，也不会造成烫伤，这样就能从源头杜绝严重烫伤事故的发生。

（2）在进餐时间段内，教师要看护好每一位幼儿，尽量避免幼儿碰撞饭菜，以免发生烫伤事故。

（三）防食物中毒

把控好幼儿饮食安全是保障幼儿健康成长的基石。

 妙招：科学搭配、烹饪

目的：为幼儿提供健康饮食。

方法：

(1) 幼儿园主管领导要把控好食物采购的源头和烹饪过程的安全。

(2) 请营养师制定安全营养食谱，合理搭配幼儿饮食。

(3) 加强厨房师傅关于饮食健康的培训，做好厨房食物留样。

(4) 保育老师在分发饭菜和点心时，再次留意食物的生熟以及是否变质等。

二、就餐进行时

（一）防碰伤和划伤

在就餐的过程中，还是会发生意想不到的事情。教师应时刻注意幼儿进餐时的细节，以便及时帮助和教会幼儿消除可能存在的安全隐患。

妙招一：分组取餐

目的：避免取餐时拥堵、碰撞。

方法：

幼儿园多采用班级集中分发饭菜的方式，因此，合理控制人流量是避免拥堵的有效方法。此外,还可以给幼儿固定小组和座位,按小组取饭菜。

(1) 饭菜不可盛得太满,避免幼儿因洒饭而滑倒。

(2) 和幼儿约定取餐靠右行的路线图(可在地面贴箭头标识)。

(3) 和幼儿约定要为端着饭碗的同伴让道。

(4) 若是集体餐厅,教师应做到为幼儿适量加饭。

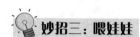 **妙招二:进餐歌**

目的:教会幼儿如何安全进餐。

方法:

在饭菜上桌后,教师可组织幼儿唱安全进餐儿歌。例如:

小朋友,准备好,

吃饭时间就来到。

一口饭,一口菜,

细细咀嚼慢慢咽。

汤圆鱼丸特别滑,

吃在嘴里别说话。

排骨肉串香带鱼,

戳到嘴巴会受伤。

不能躺着不说笑,

不能乱跑不打闹。

饭后擦擦手和嘴,

收拾碗筷习惯好。[①]

妙招三:喂娃娃

目的:预防幼儿被餐具戳伤、划伤。

方法:

利用废旧纸盒制作玩具娃娃(嘴巴从大到小),并准备不同难度(形状、大小等)的食物,供不同年龄的幼儿反复练习正确使用勺子和筷子。这样能锻炼托、小班幼儿使用勺子的能力,提高中、大班幼儿使用筷子的准确性。

(二)防呛卡

在实际工作中,由于幼儿咽部发育还不完善,进餐时呛食卡物是最令教师头

---

① 资料来源:http://wenwen.sogou.com/z/q795675929.htm。

痛的安全隐患,但只要教师细心地在日常中多做谋划,还是可以有效避免的。

妙招一:快慢巧搭配

目的:避免幼儿因大口吞食而发生呛卡。

方法:

安排吃饭快、不挑食的幼儿和吃饭磨蹭、挑食的幼儿坐一起,使他们相互影响,让幼儿逐渐养成细嚼慢咽的好习惯。

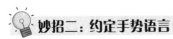

妙招二:约定手势语言

目的:避免因在口中有食物的时候说话而呛着。

方法:

教师事先和幼儿约定加饭手势。例如:加主食——举拳头、加汤——举手掌、加饺子——伸几根手指加几个。

注:教师和幼儿在渐渐熟悉并达成默契后,进餐过程可安静有序。

妙招三:巧吃带骨食物

目的:防止带骨食物卡到幼儿。

方法:

(1) 给幼儿介绍食物的正确食用方法:先剔除骨头后再吃。

(2) 告诉幼儿要特别"对待"带骨的肉,可以先单独吃,也可以吃完其他饭菜再吃。

(3) 吃带骨的肉时,要特别专心,不可以和其他人边交谈边吃饭。

(4) 在幼儿吃带骨的食物时,教师不要催促幼儿。

【案例回放】

A幼儿在就餐时和B幼儿有说笑打闹的行为,教师和两人协商后,两人安静下来。不久,A幼儿又和C幼儿说笑打闹。教师还没来得及阻止,花生米呛入A幼儿的气管。A幼儿瞬间脸色发青,好在经过及时抢救,A幼儿脱离了生命危险。

【案例分析】

首先,事故是由于幼儿在进食过程中与其他幼儿说笑打闹引起的,这表明幼儿进餐的习惯常规有待进一步养成。

其次，进餐时，如果教师了解幼儿的习惯和特点，就会清楚哪一位幼儿喜欢做什么，从而对于可能发生的事故进行有效预防，从而减少甚至避免事故的发生。

最后，教师要及时处理事故，以免因耽误最佳抢救时机而造成更严重的后果。

【案例启示】

（1）对幼儿的进餐安全意识教育还需加强。

（2）深入培养幼儿的进餐常规。

（3）教师应具有基本的幼儿紧急抢救技能。

（三）防暴饮暴食

常言道："要想小儿安，三分饥与寒。"暴饮暴食是一种不健康的饮食习惯。有的幼儿并不懂得控制食量，在遇到自己喜欢的食物时就会多吃，进而造成消化不良、吐食，甚至会诱发内脏超负荷而猝死。所以，教师应细心观察每一位幼儿的食量，做到心中有数，不过度劝食，做到适量添加。当发现幼儿食量过大时，教师要温和劝阻。

 妙招：因材"布饭"

目的：防止幼儿暴饮暴食。

方法：

对于小班幼儿，可以采取的方法有如下几点。

（1）能根据幼儿的进食量为幼儿盛饭，少盛勤添。

（2）关注生病、有食物过敏史的幼儿进餐，适当调整食物搭配。

对于中、大班幼儿，可以采取的方法有如下几点。

（1）教师应根据幼儿的进食量盛适量饭菜。

（2）对挑食、偏食以及暴饮暴食的个别幼儿，教师应给予及时的指导和帮助。

（3）鼓励幼儿在身体不适时，主动告诉教师，教师根据实际情况及时调整幼儿的进餐量。

（4）引导幼儿养成细嚼慢咽、吃饭要安静、不剩饭、不暴饮暴食等良好的进餐习惯。

（5）与家长协调一致，帮助肥胖幼儿适当控制进食量，调整食物结构。

总之,教师在幼儿园应做到以下几点。

第一,教育幼儿不暴饮暴食。

第二,对幼儿做到不过度劝食。

第三,针对过量饮食幼儿,教师和家长应配合好,共同进行食量监控。

第四,饱食后,别强迫幼儿立即入睡。如果幼儿吃得过饱,教师可让幼儿多走走、多动动,然后再睡觉,以免幼儿睡觉时出现意外。

三、餐后散步时

餐后散步能使幼儿放松心情,还能对肠胃起到按摩作用,提高其消化能力。该环节的安全隐患主要在于幼儿因兴奋而剧烈跑动,从而引起肠胃不适。

 妙招一:歌谣式散步

目的:预防剧烈运动。

方法:

让幼儿投入歌谣情景中,安静有序地散步。例如:

> 小火车,呜呜叫,
>
> 过山坡,过小桥,
>
> 咔嚓咔嚓一直跑,
>
> 呜……

 妙招二:哑剧行走

目的:让幼儿安静有序地散步。

方法:

可以进行哑剧版的"请你和我这样做":教师带幼儿散步时,做各种上肢动作。幼儿观察模仿,安静有序地前行。

 妙招三:三部曲

目的:培养幼儿良好的进餐习惯。

方法:

(1) 饭前。给幼儿讲一些吃饭不挑食的小故事,激发幼儿的食欲。

(2) 饭中。安静用餐,对吃饭干净、不挑食的幼儿给予鼓励,激励其他幼儿专注进餐。

(3) 饭后。对幼儿进餐情况进行评价,对幼儿的安全意识进行必要的强化。

幼儿园散步环节的常见问题及思考[①]

一、问题场景

场景一： 孩子们排着长长的队，随意地拉着手，歪歪扭扭地走着。中间的几名幼儿故意停下来，等与前面的幼儿拉开一段距离后，再拉着旁边幼儿的手跑过去。有的幼儿跑得急，被绊了一跤，趴在地上哭了起来。有几个调皮的幼儿趁教师不注意，转身张开双臂拦住后面的幼儿不让走。后面的幼儿着急地喊教师，有的试图从张开的手臂下钻过去。教师漫无目标自顾自地向前走着，根本看不到后面发生的情况。

场景二： 排在最后面的几名幼儿离开队伍，扭打起来。教师站在队伍前面大声制止，但也无济于事。然后，教师把他们拉到一边，说道："你们闹什么闹？居然还打架？好了，我们马上回去睡觉了，你们要闹就在这里闹吧！"教师气急败坏地批评着，其他幼儿在静静地看着。

二、分析与反思

（一）餐后散步的益处

餐后散步是幼儿一日生活中很重要的一个环节，适当的散步对幼儿的身体健康具有以下功能。

（1）提高幼儿肺部的通气量，增加血液循环。

（2）利于幼儿呼吸系统功能的发展，促进幼儿成长。

（3）增加幼儿的肠胃蠕动，提高幼儿的消化功能。

（4）消除疲劳，起到放松、镇静的效果，提高幼儿的睡眠质量。

（5）多晒太阳可以帮助幼儿摄入维生素 D。

应注意的是：散步不能走得太快太急，而要悠闲地慢慢走，适当摆动手臂，缓行大概 15—30 分钟即可。

除此之外，教师还可以利用散步的时间和幼儿交流一些行为习惯的要求（如上下楼梯要注意安全），和幼儿一起体验散步的乐趣。餐后散步不像其他教学活

---

① 潘云霞：《论幼儿饭后散步的创新方法》，《教师博览(科研版)》2013年第5期。

动那样组织严谨,它更加自主、开放和随机。有效组织散步活动会给我们带来意料不到的惊喜与收获,反之,就会出现上述场景,成了安全隐患之所在。因此,组织好餐后散步活动,是教师班级管理智慧的体现。教师不可为了省事,或者为了避免事故发生,而宁可让幼儿午饭后在教室里坐着看碟片或电视,也不愿带他们出去晒太阳和散步。

(二) 餐后散步出现问题的原因

1. 缺乏明确的目标

有部分教师想当然地认为,餐后散步是自由放松的时间,无非就是带着幼儿在场地上自由地走走、看看、玩玩,根本不需要目标。

2. 缺乏有效的组织

具体体现在两方面:一是态度问题,二是能力问题。正是有了随意、放松的想法,教师也就懒得再去进行有效的组织管理,出现随行教师之间东拉西扯、闲聊等现象。还有教师手机不离手,忽视对幼儿的管理。

(三) 解决餐后散步问题的建议

1. 位置调整,打造平等自主模式

(1) 从"顺走"到"倒走"——给幼儿尊重的智慧。散步中我们经常看到,男孩女孩排好队,教师一只手牵着排头的幼儿向前走着,幼儿看见的总是教师的背影,教师也无法关注到身后幼儿的行为表现。我们建议教师散步时能两只手拉着排头的幼儿,面对着幼儿倒退着走。这样教师就可以看到所有的幼儿,照顾到每一位幼儿。"顺着走"和"倒着走",虽然只是一个细微的转变,却体现了教师对幼儿的关注、平等和尊重,于细小处见大智慧。

(2) 从"领走"到"跟走"——还幼儿自主的智慧。无论顺走还是倒走,教师始终在起引领作用,散步的"指挥棒"掌握在教师手里,所以,教师可以让幼儿充当排头兵,把自主权还给他们。这样,幼儿可以根据自己的喜好掌控散步的目的地和路线。教师则可以走在队伍的后面或者旁边,扮演引导和及时调整的角色。在这样的"跟走"方式中,教师可以更好地贴近幼儿,并根据他们的表现及时作出反馈。例如,队伍中有幼儿掉队,或者"小火车"出现断节了,教师可以马上帮助他们迅速跟上。

从"顺走"到"倒走",再从"领走"到"跟走",是教师观念的再一次更新和提升,即让幼儿在散步中由被动变主动,从追随者变为主人翁。

2. 推陈出新,建立新型管理格局

(1)"新老师"带"新班级"——调兵遣将的智慧。每天面对同样的教师或幼儿,难免会让教师或幼儿觉得单调。有时,我们不妨玩玩"帐前换帅"的游戏,在平行班之间或者跨年级之间更换教师,由"新教师"带一群"新孩子",这样可能会引发幼儿的兴趣,他们会把新教师和自己班的教师作一番比较。因为有了新鲜感,幼儿的注意力会更多地投射在新教师的身上,而当新教师对他们提出要求时,他们也会积极响应。与此同时,这也对教师提出了更高的挑战和要求,是对教师换班以后随机应变能力的一种锻炼和考验。

(2)"大孩子"带"小孩子"——大兵小将的智慧。让大班的幼儿和小班的幼儿手拉手,共同开展散步活动。大班幼儿在小班幼儿面前俨然以"大哥哥"、"大姐姐"的身份自居,油然而生的自豪感和责任心会让他们对小班的弟弟妹妹呵护备至。他们会自发地拉着小班幼儿的手,关切地提醒他们走路要小心,带领他们共同去探索和发现新事物。与此同时,这也减轻了教师的管理压力,他们现在要做的就是进一步提醒大班幼儿明确自己的责任,引导他们带领小班幼儿开展安全自主的游戏和活动。

3. 打破常规,凸显多元化游戏组织

餐后散步总是以"走"的方式来呈现,长此以往,幼儿难免会觉得无趣。为此,教师可以改变固定的行走模式,变走为"玩",在玩中体现趣味,在玩中开展教育。

(1)排队也是玩。"要去散步了,孩子们一定要排好队,跟在前一个小朋友的后面。要不然,汽车开过来,你可是会被'撞飞'的哦!"幼儿排好队站在楼梯口,教师手握方向盘扮作司机的样子,快速地挨着幼儿从排头开到排尾。当遇到站在队伍外面的幼儿时,就停下来提醒道:"快快快,汽车开来啦,快躲进队伍里去哦!"小朋友听了就会赶紧站进队伍里。"小汽车"在队伍两边跑一跑,队伍就很整齐了。这时,我们就可以出发去散步了。

(2)走路也能玩。幼儿园户外场地的图案是用不同颜色的大理石拼贴出的,每一道线都刚好是一双小脚的大小。在孩子们眼里,这就是世界上独一无二的"小桥"了。站在"桥头",教师说:"小心啊,要过小桥了,可不要掉下去哦!"孩子们小心地走上了"小桥",慢慢地移动步子。走过了横线的小桥,再走竖线的小桥,还有斜线的、S形的、横竖交错的小桥。有时,教师还为幼儿的行走设置一些障碍,如路中间放几块平衡木做小山坡、放几座拱形门做山洞,这样既增加了游戏情节的趣味性,也考验了幼儿的耐心,激起了幼儿的好胜心。孩子们沉浸在趣味多多的漫步游戏中,玩得不亦乐乎。

（3）民间游戏选着玩。由于幼儿刚刚吃过饭，考虑到幼儿的身体健康，我们不主张带领幼儿玩紧张刺激，尤其是需要奔跑追逐的激烈游戏。但是，一些具有轻微运动量的民间游戏还是可以开展的。如"我们都是木头人"、"点兵点将"、"猜猜在哪头"等，无论是在草地上、花圃边、大树下、走廊里，只要游戏的儿歌念起来，孩子们就能玩起来。这样，既不会导致幼儿因过度奔跑而胃腹不适，又为枯燥无趣的饭后散步增加了趣味性。

（4）跟着音乐一起玩。饭后散步的时间是轻松的，也是安静的。这时我们不妨利用校园音响播放一些舒缓、优美的轻音乐，引导幼儿在教师的带领下，跟随音乐节奏走一走或做一做手指操；也可以播放幼儿学过的或者熟悉的歌曲，让他们在无拘无束的低吟浅唱中，轻松地度过这快乐的散步时光。

（5）探索发现自主玩。大自然是幼儿天然的乐园，它以独特的奥秘吸引着幼儿、呼唤着幼儿。对大自然的探索，能够陶冶幼儿的情操，培养幼儿的科学探索意识。我们可以利用散步的时间带领幼儿走进种植园、小树林、草丛里，捡一捡落叶，拾一片花瓣，去看看西瓜虫究竟为什么会卷成一团，去数数小竹笋到底穿了几件衣服，去仔细研究大树上那两个鸟窝究竟是谁的家，去沿着小蜗牛爬过的痕迹追踪它的去向。这里到处隐藏着有趣的秘密和教育的契机。引导幼儿关注奇趣的大自然，鼓励幼儿大胆探索，在轻松愉悦的氛围中感知和学习，也算是散步过程的另一种收获吧。

国外的食品安全法律

一、英国

英国在 1202 年出台了最早的有关食品安全的法律，此后在 1832 年颁布《贫困法》、1948 年颁布《国家卫生服务法》、1984 年颁布《食品法》，而 1990 年的《食品安全法》是目前英国主要的调整食品安全法律关系的法律。

二、新西兰

新西兰食品安全局在制定标准时，考虑得非常细致，对某些特殊人群的食品添加剂还有特殊的规定。如亚硝酸盐不可以出现在有机食品中，味精不得使用在婴幼儿食品中等。

三、加拿大

包餐：专业食品制作公司在网站上公布菜单和食材的产地。如果家长认为不妥可以交涉。

不包餐：食物由家长提供，园方只协助加热。

关键是在通知家长之前，园方无权给幼儿喂食任何食物。

另外，每月1日，幼儿园发给家长由专业营养师监制的食谱；幼儿园义务为食物过敏的幼儿特别制作食物。

美国食品安全教育[①]

一、趣味食物学习活动

由于幼儿还不能很好地区分食品和其他物品，因此，教师会开展专门的趣味食物学习活动。首先，教师会通过图片告诉幼儿：什么是食物（可以食用）、什么不是食物（不能食用）。然后，教师还会通过游戏的方式让幼儿进一步加深对食物的印象。比如说，把玩具和食物模型混合在一个篮子里，让幼儿通过观察找出可以食用的食物，画出来并涂上相应的颜色。游戏过后，教师会统一进行提问和讲解，帮助幼儿更加深入地了解每一种食物。

趣味食物教学活动可以很好地帮助幼儿了解食物的颜色、形状和结构。通过教师讲解和问答的方式，能提高幼儿参与的积极性，鼓励幼儿勇于发表自己的看法，从而不断加深食物在幼儿脑中的印象，帮助幼儿认识食物与其他物品之间的区别。

二、蔬果种植和农场参观

美国幼儿园每年的春季都会有一个固定的活动，就是让幼儿种植蔬果。通常情况下，幼儿园会选择较容易种植的西红柿或者胡萝卜，大龄幼儿也可以选择种植黄瓜这类需要制作棚架的瓜果。教师可以在日常活动中带领幼儿一起观察植物发芽、开花和结果的过程。

蔬果种植活动能让幼儿充分观察到蔬果的成长过程，同时在观察的过程中，教师也会适时引导幼儿了解什么样的果实不能食用，以及食物的基本属性。如在看到绿色西红柿的时候，教师就会告诉幼儿，绿色的西红柿不能食用以及食用后的不良后果，从而帮助幼儿充分认识食物，并对食品安全性有一定的了解。

---

① 资源来源：http://blog.sina.com.cn/s/blog_53cd89330102vb1p.html。

此外,每年秋天,幼儿园通常会在家长的授权下选择离学校最近的农场,带幼儿去农场玩上半天。农场工作人员会用农具车载着幼儿分批参观农场。每到一块蔬菜田,农场的解说员就会给幼儿上一堂生动的户外食物安全课。在解说员的解说下,幼儿不仅认识了许多新的蔬果,还学会了辨别可直接食用的蔬菜和需要加工才能食用的蔬菜。

为了防止幼儿随意采摘和误食野生植物,农场的工作人员还会专门带幼儿在户外寻找和认识一些不可食用的植物,比如有毒的野蘑菇。然后,通过讲故事或者用语言表演的形式帮助幼儿加深记忆。

三、开展食品制作活动

教师还会组织幼儿进行食品制作活动,但是由于制作过程的工作量比较大,教师都会事先邀请家长协助,以确保活动顺利进行。活动开始前,教师会先将幼儿分成几个组,让他们在教师和家长的带领下用清洁液洗手并用纸巾擦干,然后围坐在放好食材的桌子四周,戴好一次性手套。当一切准备就绪后,幼儿就可以按照制作步骤进行食品制作了。等到一组幼儿全部完成制作后,要排好队跟着教师去洗手,之后才能去玩别的玩具。

通过食品制作活动,幼儿学会了触碰食品时必要的安全准备工作,如洗手和戴好一次性手套,帮助幼儿养成良好的卫生习惯。美国幼儿园的食品安全管理措施几乎将所有可能引发食品安全事故的不利因素都考虑了进去,并从日常管理和教育两方面着手,落实幼儿在园的食品安全工作,这点值得我们学习和借鉴。

第三节　漱口

在一日三餐后,幼儿口中难免有食物残渣。漱口是一种方便快捷的清洁口腔的方法,可保证年龄较小的幼儿牙齿清洁和健康。我们应充分利用生活环节对幼儿进行教育,特别是要随时抓住时机,教给幼儿正确的漱口方法,并加以督导,以帮助幼儿了解清洁口腔的基本方法,形成良好的生活卫生习惯。

安全清单

序号	活动场地/设施/行为	危险源	可能导致的事故
1	逃避漱口	口腔不干净,有残留	口腔异味,牙齿变黄,长蛀牙
2	吞咽漱口水	不卫生、不健康	生病
3	漱口时玩水	弄湿衣服、地面等	易滑到、摔伤

妙招锦囊

一、防逃避

 妙招：设立"小组长"职务

目的：调动幼儿漱口的积极性。

方法：

在班里设立"小组长"的职务,请能力强的幼儿来担任,也可以让全班幼儿轮流担任。当天被选为小组长的幼儿,自己要先做好表率,才能去提醒其他幼儿,这样可以有效调动幼儿的积极性。

【案例回放】

为了让幼儿认识到漱口的好处及保护牙齿的重要性,我从小班开始,每次饭后都带领他们主动拿水杯去漱口,漱完后还会让他们张大嘴巴照照镜子,看一看是否干净了。在他们漱口时,我会说："我听见小朋友漱口的声音好像在唱歌,又像在给牙齿洗澡。"孩子们都争着说："王老师,你听听我嘴里有唱歌的声音吗?"

我会认真地听,并鼓励他们说:"这声音真好听。"

【案例分析】

　　小班幼儿的学习是在一日生活的各个环节中不知不觉进行的。寓教育于游戏之中,寓教育于一日生活之中,是幼儿教育的重要途径。在日常活动中,人的行为的重复度很高,特别有助于简单规则的消化和良好习惯的养成。另外,生活活动对实施个别化教育也有价值。每一个幼儿都有不同的气质特点、兴趣、能力和个性的倾向性,在集体活动中,教师难以全面照顾到不同的幼儿,只有在日常生活中,才能尽最大可能满足不同个体的独特的、对其自身发展有价值的需要。

【案例启示】

　　(1) 通过讲解漱口的重要性,让幼儿认识并重视漱口。

　　(2) 在餐后漱口时,教师要监督。

　　(3) 可以任命幼儿轮流担任漱口监督小组长,对其他幼儿进行监督,同时自己也应自觉漱口。

二、防吞咽

 **妙招：盐水漱口**

目的:防止幼儿吞咽漱口水,影响健康。

方法:

(1) 教师每天为幼儿准备比例适当的盐水(温开水化开)。漱口时,为每个幼儿倒入大概三次漱口的水量。

(2) 提醒幼儿要咕噜三次地漱口。告诉幼儿,盐水就算不小心咽到肚子里也不会影响身体健康。

三、防玩水

　　小班幼儿年龄小,自控能力差,要做到洗手、漱口时不玩水是比较困难的。在幼儿园,无论是喝水还是洗手、漱口,幼儿都会抓住机会玩一玩水。我们经常发现,在漱口时,有幼儿把水弄得到处都是,甚至常常把水洒在地上。因此,如何提高幼儿漱口的效果,值得我们进一步思索。

妙招：咕噜咕噜在唱歌

目的：帮助幼儿学会正确漱口的方法。

方法：

(1) 学习漱口儿歌，如：手拿小水杯,喝口清清水,抬起头闭上嘴,咕噜咕噜吐出水。

(2) 教师可以用趣味性的语言"咕噜咕噜在唱歌,声音真好听"引导幼儿漱口。当幼儿听到教师的语言提示时,会更加认真地漱口。

(3) 对应漱口儿歌,张贴正确的漱口图示。

漱口图示

(4) 幼儿漱完口之后,可以让他们照照镜子,看看是否干净了。

【案例回放】

大部分幼儿喜欢在盥洗室玩,一来没有教师的监督,二来还有可以玩的水。因此,有时幼儿午餐后到盥洗室漱口的时间比较长,有的幼儿会口里含着水"咕噜咕噜"地朝镜子上喷,还有的会模仿爸爸刷牙的样子,先鼓捣着满满一嘴清水,再抬起头"咕噜噜",最后"噗"的一声,将水一口喷出来,甚至会弄到别的幼儿身上。这样做很容易引发一些矛盾。

【案例分析】

小班幼儿年龄小,自控能力差,自觉地认真洗手、漱口是比较难做到的。他们会抓住一切时机玩水,要么把衣服袖子弄湿,要么把水洒得满地都是。可见,解决幼儿漱口的问题也需要一定的智慧。

安全教育资源

养成良好漱口习惯的方法

一、了解蛀牙的形成

　　借助图片、讲故事的方式,让幼儿知道每颗牙齿之间及咬合面上会有一些缝隙,饭菜渣会藏在这些缝隙里,从而滋生出细菌腐蚀牙齿,形成蛀牙。

二、用实验的方法强化幼儿对不漱口所带来后果的认识

　　用餐后,教师可以取两个干净的小餐盒或小碗放在桌上,其中一个盛满清水,另一个是空的。孩子们吃完饭后,让他们将漱口水吐在空盒子里,然后让他们来观察。教师提问:"两个盒子里的水有什么不一样?"孩子们会议论开来,认识到一个干净,一个脏。脏的水就是漱了口的水,是粘在牙齿上或藏在牙缝里的饭渣。

　　当孩子们观察完后,把漱口水的盒子放在一个地方,等到下一餐开始前,可以让孩子们再观察一下盒子里的漱口水,如果在气温高的情况下,漱口水还会发出一些难闻的味道。这样,孩子们就会印象深刻地记住漱口水是不卫生的水,不能让饭渣留在口腔里,一定要记得漱口,把牙齿清洗干净。这种可亲眼观察的实验效果比教师的说教更有效。

幼儿漱口

三、逐步养成漱口习惯

　　教师要不断地提醒幼儿去漱口,提醒的方式可以多样,比如,当着幼儿的面,自言自语地说"我吃过饭了,要先去漱漱口",时间长了,幼儿也就潜移默化地记住了。此外,还可以安排

一些监督小朋友漱口的小班长,人人参与漱口,以此调动幼儿的积极性,使其逐渐养成漱口的习惯。

第四节　喂药

在幼儿园,喂药是教师最应该重视的一个环节。这个环节包括幼儿服药的时间、服药的剂量以及观察幼儿服药后的状况等。由于幼儿年龄较小,分不清哪些药可以吃,应该吃多大剂量,所以需要教师提高警惕,加强对幼儿安全的关注。

安全清单

序号	活动场地/设施/行为	危险源	可能导致的事故
1	药袋放置的位置低、幼儿自己口袋里有药	幼儿自己拿药、偷吃药	幼儿误吃
2	家长给幼儿带药片	幼儿不会吞咽	卡住
3	家长带药太多	喂药过量	幼儿药物中毒,出现呕吐、过敏、腹痛等症状
4	家长没有登记	教师喂错药	
5	教师对药品常识不明确	药物混合	

妙招锦囊

一、防误吃

幼儿误吃药的原因主要有以下几种情况:一是药袋放置的位置过低,幼儿能随手拿到;二是幼儿自己带药并与其他幼儿分享;三是成人的药与幼儿的药放在一起,幼儿分不清。针对上述原因,可采用以下妙招。

 妙招:药袋高高挂起

目的:防止幼儿自己拿药。

方法:

(1) 每个幼儿一个小药袋,药袋上注明幼儿的姓名或贴上幼儿的照片。

(2) 及时检查幼儿的药袋里是否还存有药品。

(3) 及时清理当天的药品。

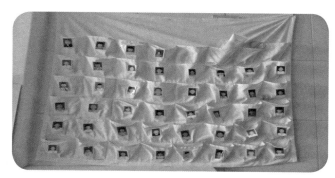

药袋图

二、防卡住

由于幼儿年龄较小,缺少吞服药片的经验,如果吞不好,药片就会被卡在喉咙里,从而发生意外。如果有带药片的幼儿,我们可以采取以下妙招。

 妙招：小药片巧妙吃

目的：预防幼儿被药片卡住。

方法：

(1) 向家长交代最好不带药片,以防幼儿被药片卡住。

(2) 事先了解幼儿服药的经验,如会不会吞服。如果不会,可以将药片磨碎了让幼儿冲服。

(3) 幼儿服用药片时,一定要在教师的指导下服用,以免出现意外。

三、防过量

与晨检环节相结合,让家长只带中午的药量,并要求家长写清服用剂量,避免因教师给幼儿过量服药而导致伤害事故。

 妙招：喝多少带多少

目的：便于教师给幼儿服用正确的药量。

方法：

(1) 如果幼儿生病需要带药来园,家长只需带当天服用的药量,以防喂药过量。

(2) 家长应给班里的教师提前说明幼儿生病的状况,便于教师重点关注,发现问题及时处理。

【案例回放】

一次幼儿在园服药事件引发的思考①

一天下午,中 A 班的孩子们在悦耳的音乐声中穿衣起床。瑞瑞跑到保育老师面前说:"王老师,浩浩是个大懒猫,怎么叫都不起床。"王老师急忙来到浩浩的床前,发现浩浩一副沉睡的样子,怎么叫也叫不醒。王老师马上意识到事情的严重性,立即通知了保健医生和园长。园长和保健医生赶到现场后立刻把浩浩送往医院,并通知家长。原来,今天早上浩浩妈妈送浩浩来园时,跟班主任交代:午睡前让浩浩把包里带来的药全部吃掉。班主任把家长的要求转达给了保育老师。午睡前,保育老师在给浩浩服药之前发现药袋上的服用剂量和药的实际数量有出入,于是打电话问浩浩妈妈:"浩浩的药需要吃多少?"当时浩浩妈妈正忙于工作,只是说:"把带来的药全部吃掉。"于是,保育老师就让浩浩把带来的药全部服完,之后就出现了浩浩沉睡不醒的现象。到医院后,园长把情况反映给医生,医生马上确诊浩浩是因为服药过量导致药物中毒,须进 ICU 抢救。所幸抢救及时,浩浩脱离了危险。

【案例分析】

之所以会发生上述事件,主要有三个环节出现了问题:

一是浩浩妈妈在给浩浩准备药时拿错了药量。

二是浩浩妈妈在向班主任交代浩浩的服药事项时,没有做好药品交接及药品确认。

三是保育老师在和浩浩妈妈确认药品用量时,没有说清药品数量的异常。

虽然事件起因是浩浩妈妈给错药,但最后给浩浩服药的把关人是保育老师,所以此次事件园方有不可推卸的责任。

【案例启示】

我们可通过以下方式来防止幼儿服药过量:

(1) 交代家长只给幼儿带一次的药,幼儿园不承担过多的喂药次数。

(2) 由家长亲自交到教师手里,并填写幼儿服药记录单,教师按照记录单喂药。

(3) 如果由他人代替带药来园,教师在喂药时,一定要再次向家长打电话确认药品及服药量。

---

① 资料来源: http://www.age06.com/Age06.Web/Detail.aspx? InfoGuid = c4e546a8-7b00-488b-8938-0134f85e57d9。

四、防喂错

在病毒高发期,幼儿容易生病,带药入园的幼儿也较多。由于幼儿服药的时间、原因、剂量以及药名是不同的,因此,为了防止给幼儿喂错药,教师在喂药时一定要提高警惕,严格按照晨检环节的服药记录单,了解幼儿的服药信息。

幼儿服药情况登记表

 妙招:依表服药

目的:预防喂错药。

方法:

(1) 送幼儿入园时,家长一定要认真填写幼儿服药情况登记表,写清楚幼儿的姓名、登记时间、服药的原因、药名、服药时间以及服药剂量等信息。

(2) 教师在喂药时,一定要看清楚家长所填的服药登记表上的信息,分清是哪个幼儿的药,应该喝什么药以及药量是多少等。

(3) 在为生病的幼儿喂药时,教师可以一个一个地喂,避免因慌乱而喂错药。

然而在实际工作中,还是会出现家长误登记药量的情况,如将 3.5 毫升写成了 35 毫升,这会导致因教师喂错药量而使幼儿中毒的事件。在班上多名幼儿需要喂药的时候,容易发生教师喂错药的情况。出现这种情况的原因在于两点:一是家长的粗心,将药剂量扩大;二是教师在喂药时缺乏警觉性,教师应仔细确认幼儿服药的剂量。如果教师在不确定的情况下能给家长打电话确认一下,或者与幼儿园保健室的医生及时联系,就会避免此类事件的发生。

五、防过敏

每一种药品都有其独特的药效和禁忌,有些药品混合之后会造成人体的不良反应,所以教师必须了解一些基本的药物常识,知道哪些药不能混合、哪些药是饭前服用、哪些药是饭后服用等,具体可以采用以下妙招。

 妙招:牢记医药常识

目的:预防幼儿因混合吃药而导致过敏。

方法:

(1) 幼儿园的保健医生要给教师进行药品的基本常识培训,帮助他们了解一些服药常识。

(2) 家长填写登记表时,要写清所带药品的服用方法。

(3) 如果发生了药物混吃的情况,教师不要慌张,应第一时间与保健医生联系,听从保健医生的建议,并多观察幼儿状态,一旦发现危险及时就医。

另外,家长应注意以下几点:

(1) 家中的药物不能和饮料或零食放在一起,要放在幼儿够不到的地方,最好是上锁的药箱,并告诉幼儿这是药物,不能随便吃。

(2) 平时给幼儿喂药时,应该明确告诉幼儿这是药物,是专门用来治疗疾病的,不能骗幼儿说是糖果(很甜)等。

(3) 把外用药和口服药分开放,以免家长自己混用。

如果幼儿在家一旦误吃了药物,家长要尽快采取相应措施:

(1) 弄清幼儿吃了什么药、吃了多少,不可打骂幼儿,避免幼儿因害怕挨打而不说实情。

(2) 如果是误吃一般的药物,如:维生素、止咳糖浆之类,可以用催吐的方法,即用手指刺激幼儿咽部,引起幼儿呕吐,以排除药物;或让幼儿多喝水,加速药物排泄。家长应密切观察幼儿的精神状态,如果精神不好的话,须及时就医。

(3) 如果是副作用比较大的药物,如:降压药、镇静药等,要及时催吐,可以先刺激幼儿的咽部,让其呕吐排除药物。与此同时,要尽快送幼儿到附近医院就医。

(4) 如果是误食有毒的药物或者幼儿出现了昏迷、抽搐等症状,要立刻将其送去附近的医院或打 120 急救电话。去医院时,要带上药瓶或说明书,由医生来处理。

安全教育资源

建立幼儿园带药制度

一、携带与登记

(1) 幼儿在出现感冒、流鼻涕、咳嗽等轻微身体不适的症状后,经正规医院诊断,确诊幼儿无传染性疾病、无高烧,且可以参加幼儿园正常的一日活动的情况下,家长可为患儿携带符合国家药品监督部门认定的口服药品来园。

(2) 如前文所述,家长必须严格遵守幼儿园的药品登记制度。应注意的事项有:家长必须在服药登记表上认真填写幼儿的姓名、所带药品名称、服用时间、服用剂量、服用方法及服药注意事项,签名并向当班教师交代清楚。

（3）如遇家长未签字或服用方法不清楚的情况,幼儿园有权拒绝给幼儿服药。

注:如果父母早上来迟了或是由家里的老人送幼儿入园,父母可把药品服用细则写在纸上并交给带班教师,或者利用电子平台给教师发微信、短信,这样教师就可以知道怎么给幼儿服药了。

二、自带药品的存放与管理

（1）家长在认真进行药品登记后,应亲自将药品交到当班教师手中,不得委托他人及幼儿带药。严禁家长将药品放在幼儿书包内,让幼儿自己服用,否则后果自负。

（2）当班教师接收药品时要认真检查药品的有效期,并与家长共同核对填写的服药登记表,确定无误后签名,再根据幼儿姓名将药物放入规定的地方。

（3）交接班时,当班教师要做好药品服用的文字记录并签字,同时与接班教师将幼儿的服药情况交接清楚。

（4）每名幼儿只带一日药量,晚上离园前,当班教师应清理药袋。对于保健品或服药量大的,建议家长在家给幼儿服用。

三、自带药品的服用

（1）保健医生每天 8:30 进入班级巡检,对各班幼儿带药、服药的记录进行检查。

（2）确定相对负责人。早班教师负责幼儿服药,班主任监督复查。

（3）严格按家长的服药登记表为幼儿服药,服药前认真做好"三查五对"工作,确定无误后方可服用。其中,"三查"即查服药登记表上的姓名、药名,药袋上的姓名、药名,呼叫幼儿姓名;"五对"是指根据服药登记表核对幼儿姓名、药品名称、药品用量、服用方法、服用时间。

（4）服药期间的注意事项。教师应掌握一些用药常识,如不同药物的服用时间、水温、服药注意事项等。

四、服药后的观察

注意观察幼儿服药后的反应,如观察幼儿面色有无潮红、皮疹,口唇有无紫绀,睡眠有无盗汗,大、小便是否正常。如发现异常及时与保健医生联系处理。

五、其他事项

（1）如果教师生病带药,一定要与幼儿的药分开放置,并放在幼儿接触不到的地方。

（2）当服药幼儿离园时，教师要与家长交代幼儿服药后的情况以及在园的精神状况，让家长对幼儿的病情做到心中有数，家园携手共同促进幼儿早日康复。

第五节　喝水

喝水是保证身体健康的一个重要因素。在幼儿园一日生活中，喝水环节具有频繁性、自由性较大的特征，所以在此环节中会发生很多教师意料之外的事情。例如：烫伤、拥挤、因湿滑导致的摔倒等。我们可以利用一些智慧、小妙招来避免安全事故的发生。

另外，由于幼儿年龄较小，他们自主喝水的意识薄弱，需要成人督促。那么，在幼儿园里，用什么办法才能吸引幼儿主动喝水，使其学会根据身体不同的需求来喝水呢？让我们一起来探讨学习吧。

安全清单

序号	活动场地/设施/行为	危险源	可能导致的事故
1	保温桶放置位置偏低或偏高	幼儿触摸保温桶	烫伤或砸伤
2	水温	温度过高	烫伤
3	接水时，幼儿人数过多	拥挤、碰撞、说笑	幼儿滑倒、烫伤、呛水
4	水杯消毒不及时	细菌	幼儿疾病传播

妙招锦囊

一、防因保温桶而烫伤

大多数幼儿园的供水方式还是使用保温桶。放置保温桶的地方应宽敞，以免造成幼儿因拥挤而烫伤。另外，保温桶应放在平稳的桌面上，不宜太高或太低，应视幼儿的身高而定，否则幼儿在接水时很容易烫伤或被保温桶砸伤。此外，教师应该及时检查保温桶的安全扣是否扣好,以防被幼儿打开,造成不必要的危险。

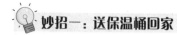 **妙招一:送保温桶回家**

目的:防止幼儿因误碰保温桶而烫伤。

方法:

规定保温桶的放置地点。幼儿园可以统一规定保温桶的放置地点,如水房等,并配备统一的保温桶柜。

保温桶柜

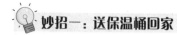 **妙招二:安全标识我知道**

目的:提醒幼儿与保温桶保持距离,以免被烫伤。

方法:

教师可通过集体活动讲解安全的重要性,帮助幼儿了解保温桶的危险性,并鼓励中、大班幼儿设计安全标识,然后粘贴在保温桶附近。对于小班幼儿,可由教师设计好后请他们了解安全标识的内容。

幼儿设计的安全标识

保温桶惊魂

进入 6 月,天气越来越炎热,孩子们的出汗情况与日俱增,对水的需求也越来越大。保育员郭老师为了能让孩子们第一时间喝上温度适宜的水,每天早上到园后就去接水。有一天接完水后,由于水温太高,郭老师便将保温桶的桶盖打开,随后就去为孩子们的早餐做准备。郭老师没有扣紧保温桶的桶盖,而是将桶盖虚掩着放在保温桶上,并留了一条缝就离开了教室,她也没向班内另外两位老师交代情况。没过多久,谁料一名上厕所的幼儿扒住了保温桶的边缘,在使力的过程中把保温桶弄倒了。郭老师的一个失误对幼儿造成了很大的伤害。

【案例分析】

有时候教师的初衷是好的,但由于幼儿园琐碎的事较多,来不及细想或交代,就会酿成悲剧。

【案例启示】

(1)我们一定要合理安排时间,有计划地去做每一件事情。

(2)多和班内教师沟通,确保幼儿安全。

二、防因水温高而烫伤

水的温度不仅关系到幼儿的安全,还会影响幼儿喝水的情绪。如果水太热,幼儿等待的时间就会太长,可能在等待时会和其他小朋友说话聊天,稍不注意就会洒水,造成意外烫伤。如果水太凉,会使幼儿身体不适,也会使幼儿不愿多喝水。

教师首先应该合理判断水的温度。一般来说,在夏秋季节,给幼儿喝与室温接近的白开水是最好的。而在冬春两季,给幼儿喝温开水比较好,这样可以最大限度地减少对幼儿肠胃的刺激。从医学上看,20℃—25℃的温开水是最适合幼儿饮用的。

妙招:提前冷却

目的:保证幼儿喝水的温度适中,防止烫伤。

方法:

(1)固定时间。主班老师和保育老师协商好,确定每天喝水的时间段。

（2）提前冷却。保育老师根据季节以及当天的室内温度,提前将幼儿的水在量杯里冷却。

（3）接温开水。保育老师在为班级保温桶蓄水时,可以直接接温开水,这样既可以节约时间,也可以让幼儿自主接水。

【案例回放】

家长：没试水温怎能给孩子喝

近日,在长春一家幼儿园上学的小霖被开水烫伤了。幼儿园表示,水是家长带的,所以园方的责任不大,出了400多元的医药费后便不再管了。但家长认为,在给孩子喝水时,教师应该试一试水热不热,然后再给幼儿喝,毕竟幼儿是在幼儿园里受的伤,怎么能说没有责任呢?另外,家长表示,幼儿受伤后,父母在家照顾孩子都没上班,幼儿园也应该支付一定的营养费和误工费。

【案例分析】

从案例中可以看出,幼儿喝的水是由家长装进保温杯带到幼儿园的。家长因疏忽给幼儿装了开水,而教师没有预料到家长带来的水竟然会是热开水,就是这样的疏忽造成了幼儿烫伤。

【案例启示】

（1）幼儿喝的水一定要保证温度适宜,教师要把关幼儿园提供的水。

（2）当家长带水(或者其他东西)来时,教师也要把关,一定要仔细询问,做到心中有数。

（3）教师如果认为家长带过来的东西没有必要时,可以请他带回去,以防发生不必要的事故。

三、防拥挤

在面对幼儿的喝水问题时,最常见的就是拥挤问题。小班幼儿接水时不知道躲让,中、大班幼儿会在喝水时聚堆儿说话、打闹,这些都是造成安全事故的原因。在组织幼儿喝水时,我们要根据幼儿的年龄特点和本班幼儿的实际情况,制定相应的规则,用教育的智慧和细心将可能发生的安全事故扼杀在萌芽中。

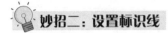
妙招一：分组接水

目的：防止幼儿因拥挤而烫伤或摔倒。

方法：

(1) 小班幼儿。由于小班幼儿的手部肌肉力量较小，单手握口杯接水的力量不够，往往会发生倾斜、洒水或碰撞到他人的情况。在小班幼儿初入园时，我们可以提前为幼儿的小水杯里倒上适量适温的水，请幼儿一组一组地去取水喝。

(2) 中、大班幼儿。中、大班幼儿的手部力量增强，在排队接水时可以控制好自己的水杯。这时，我们可以请幼儿一组一组地去自主接水喝。

妙招二：设置标识线

目的：通过标识疏导幼儿分散取水、喝水。

方法：

对班级喝水空间进行合理的规划，划分出不同的区域，如接水区、喝水区、等待区等。在幼儿排队接水的时候，用间隔一定距离的小脚丫或小圆点标记提示幼儿，以免发生拥挤。另外，还可以让幼儿念儿歌，例如：

喝水礼仪

拿起小水杯，文明排排队，

接好一杯水，出队去喝水，

喝完一杯水，放回小水杯。

接水标记

幼儿排队接水

安全教育活动"我会喝水"

幼儿自主接水

活动目标：

（1）制定并愿意遵守喝水的基本规则。

（2）能够在最佳的喝水时机主动喝水。

活动准备：

（1）摄录自然状态下幼儿喝水的场景与表现。

（2）四开大小的图画纸、水彩笔若干。

活动过程：

（1）播放幼儿喝水录像，请幼儿观察、讨论：你是怎样喝水的？其他小朋友是怎样喝水的？哪些做法是正确的，哪些是不正确的？应该怎样喝水？

（2）带领幼儿在讨论的基础上总结喝水规则，如喝水的人数、取放水杯及接水的方法、喝水时机等。

（3）指导幼儿将喝水的基本规则用文字或图画的形式表现出来。

（4）组织幼儿讨论喝水规则及合适的张贴位置。

（5）将制定的喝水规则张贴到盥洗室的合适位置，如杯架上方或侧面。

四、防细菌

水杯是幼儿直接接触的物品,一定要做好消毒工作。特别是在流行性疾病的高发期,更要做好日常消毒和清洗的工作。

 妙招:多种方法消毒

目的:杀灭细菌,保障幼儿的饮水安全。

方法:

常用的消毒方法有消毒柜消毒、煮沸消毒与蒸汽消毒。以上消毒方法取一即可,须在每天早上幼儿入园前进行消毒。幼儿早饭后,每人取一个经消毒的水杯并放在自己的杯子架上,做到一人一杯,不交叉使用。

安全教育资源

托幼机构环境和物品预防性消毒方法

一般来说,餐具、炊具、水杯等“进口”容器要用物理消毒,不要用化学消毒。对于坐厕等接触皮肤部位的地方,要做到“一用一消”。开窗通风是空气消毒的方法,但在通风条件不好的情况下应每日进行60分钟的紫外线消毒。

消毒对象	物理消毒方法	化学消毒方法	备注
	每日开窗通风至少2次;每次至少10—15分钟。		在外界温度适宜、空气质量较好且能保障安全性的条件下,应采取持续开窗通风的方式。
空气	采用紫外线杀菌灯进行照射消毒每日1次,每次持续照射时间为60分钟。		(1) 不具备开窗通风的条件时使用。 (2) 应使用移动式紫外线杀菌灯。按照每立方米1.5瓦计算紫外线杀菌灯管需要量。 (3) 禁止紫外线杀菌灯照射人体体表。 (4) 采用反向式紫外线杀菌灯在室内有人环境持续照射消毒时,应使用无臭氧式紫外线杀菌灯。
餐具、炊具、水杯	煮沸消毒15分钟或蒸汽消毒10分钟。		(1) 对于食具,必须先去残渣、清洗后再进行消毒。 (2) 采用煮沸消毒的方法时,被煮物品应全部浸没在水中;采用蒸汽消毒的方法时,被蒸物品应疏松放置,水沸后开始计算时间。

消毒对象	物理消毒方法	化学消毒方法	备注
	餐具消毒柜(按产品说明使用)。		(1) 使用符合国家标准规定的产品。 (2) 因保洁柜无消毒作用,不得用保洁柜代替消毒柜进行消毒。
毛巾类织物	用洗涤剂清洗干净后,置阳光直接照射下曝晒干燥。		曝晒时不得相互叠夹;曝晒时间不少于6小时。
	煮沸消毒15分钟或蒸汽消毒10分钟。		采用煮沸消毒的方法时,被煮物品应全部浸没在水中;采用蒸汽消毒的方法时,被蒸物品应疏松放置。
		使用次氯酸钠类消毒剂消毒。使用浓度为有效氯250—400毫克/升,浸泡消毒时长为20分钟。	消毒时将织物全部浸没在消毒液中,消毒后用生活饮用水将残留消毒剂冲净。
抹布	煮沸消毒15分钟或蒸汽消毒10分钟。		采用煮沸消毒的方法时,抹布应全部浸没在水中;采用蒸汽消毒的方法时,抹布应疏松放置。
		使用次氯酸钠类消毒剂消毒。使用浓度为有效氯400毫克/升,浸泡消毒的时长为20分钟。	消毒时将抹布全部浸没在消毒液中,消毒后可直接控干或晾干存放;或用生活饮用水将残留消毒剂冲净后控干或晾干存放。
餐桌、床围栏、门把手、水龙头等物体表面		使用次氯酸钠类消毒剂消毒。使用浓度为有效氯100—250毫克/升,消毒的时长为10—30分钟。	(1) 可采用表面擦拭、冲洗消毒方式。 (2) 餐桌消毒后,要用生活饮用水将残留消毒剂冲净。 (3) 家具等物体表面消毒后,可用生活饮用水将残留消毒剂去除。
玩具、图书	每两周至少通风晾晒一次。		适用于不能湿式擦拭、清洗的物品。曝晒时不得相互叠夹,曝晒时间不低于6小时。
		使用次氯酸钠类消毒剂消毒。使用浓度为有效氯100—250毫克/升,表面擦拭、浸泡消毒10—30分钟。	根据污染情况,每周至少消毒1次。

消毒对象	物理消毒方法	化学消毒方法	备注
便盆、坐便器与皮肤接触部位、盛装吐泻物的容器		使用次氯酸钠类消毒剂消毒。使用浓度为有效氯 400—700 毫克/升,浸泡或擦拭消毒 30 分钟。	(1) 必须先清洗后消毒。 (2) 浸泡消毒时,将便盆全部浸没在消毒液中。 (3) 消毒后,用生活饮用水将残留消毒剂冲净,然后控干或晾干存放。
体温计		使用 75%—80% 乙醇溶液,浸泡消毒 3—5 分钟。	使用符合《中华人民共和国药典》规定的乙醇溶液。

　　幼儿园内无小事,幼儿的安全大于天。虽然我们的工作非常琐碎,但是我们身为幼儿成长的守护者,应该做到多观察、多思考,用自己的细心、耐心和智慧让幼儿安全、快乐地度过幼儿园生活。

第六节　午睡

　　午睡环节是幼儿园一日生活不可或缺的重要环节,睡前、睡中、睡后各个环节在幼儿自身成长和发展中都发挥着重要的作用。教师需要将午睡环节定位为"安全甜蜜"的午睡。在午睡值班期间,教师要了解不同年龄段幼儿的生理特征及心理需求。教师应尽量用轻柔的语言提示幼儿安静、独立入睡;帮助和指导幼儿正确地穿脱衣服并将其叠放整齐;以游戏的口吻引导幼儿放平枕头,钻进被窝,露出小脑袋;最后用缓慢的语速讲述温馨简短的故事或儿歌,朗诵优美的文学作品,平复幼儿的心情,帮助幼儿尽快在温馨的情境中入睡。

　　在午睡的过程中,教师应做到:不聊天,不吃零食,不会客,不玩手机,不写文案,不做私事,不离岗。要巡回检查,及时发现问题,处理问题,认真做好午睡记录,杜绝意外事故的发生。幼儿午睡时,教师还要做到一听、二看、三摸、四做。一听,指听呼吸是否正常;二看,就是看神态、举动、脸色有无异常。三摸,就是摸额头、小手的温度;四做,就是及时矫正踢被子、蒙头睡、趴着睡的幼儿的睡姿,亲自帮他们盖好被子。

　　午睡中会存在哪些安全隐患呢? 有哪些危险源需要引起教师高度重视的?

它可能导致的后果是什么？哪些小策略、小妙招可以帮助教师安全、平稳地做好午睡环节的值班工作？

序号	活动场地/设施/行为	危险源	可能导致的事故
1	高低床	跌落	磕碰、摔伤
2	口袋里藏有皮筋、豆类、瓜子等异物	塞入口鼻、勒进皮肉	窒息、呼吸困难、身体器官受损
3	午餐进食过饱	食物反流、食积	窒息、呕吐、高烧
4	不良的睡眠习惯	趴着睡、蒙头睡	呼吸不畅，大脑缺氧
5	幼儿不在教师视线之内	开水、高楼、电源、楼梯	烫伤、跌落、触电、撞击、走失
6	幼儿不能正确、及时地表达自身需求	有便意、身体不适、噩梦	尿床、高烧、惊厥、腹痛、流鼻血

妙招锦囊

一、防跌落

高低床能节省使用空间，深受幼儿园欢迎，但幼儿要垂直爬上 1 米多高的上铺才能午休，其中有三个安全问题不容小觑。

第一，活力充沛的幼儿在午睡前会有一些兴奋，爬上床铺后仍然没有睡意，常会打闹、说笑，稍有闪失，便有可能发生碰撞、跌落，酿成安全事故。

第二，教师提出让幼儿在上铺穿脱衣服、叠被子等不当要求，使幼儿脚下踩空或踩到棉被，从而滑落摔伤。

第三，在幼儿睡觉的过程中，因翻身幅度过大而从上铺跌落下来。

针对以上情况，可采用以下小妙招。

妙招一：拉钩承诺

目的：了解安全标识的含义，建立初步的安全意识。

方法：

将教师手绘的"防止跌落"、"一步一步上下楼梯"、"不在床上打闹"等安全标识粘贴在寝室的高低床或墙壁的明显位置，跟幼儿一起讨论标识代表的含义，并以"拉钩"、"盖章"的方式，请幼儿遵守安全承诺。

妙招二：帮衣服鞋子找个家

目的：防止因衣物乱放而绊倒幼儿。

方法：

幼儿午睡时脱下的衣服、鞋子要有固定的摆放位置，如：在桌椅上整齐叠放衣裤；在床下面，鞋头朝里地整齐摆放鞋子。

当衣裤有固定的摆放位置时，幼儿就不会将衣裤堆放在床铺上，这样可以减少幼儿上下床时被衣裤绊倒的可能性。

 妙招三：合理安排上下铺位置

目标：保护弱势幼儿，以免其受到伤害。

方法：

在分上下床铺之前，教师可与家长一起商量，尤其是小班阶段，可根据幼儿身体发育的情况，酌情照顾大运动发育迟缓、胆子偏小的幼儿，暂时将其安排睡在下铺。当幼儿身体条件成熟时，可适当进行调换。

二、防异物

幼儿处于对细小事物的敏感期，喜欢玩一些小东西。看到新奇好玩的小物品，就喜欢藏在口袋里。在他们睡前和醒来后感觉无聊时，就会摆弄这些小物品作为消遣。但他们缺乏自我保护意识，往往会趁教师不注意的时候拿出来摆弄，不经意间便会将物品塞入耳、鼻、口中，或者将皮筋勒在手指上等，从而造成身体伤害，酿成安全事故。针对上述现象，我们可以试试以下妙招。

 妙招一：宝贝收纳盒

目的：收集幼儿携带的危险物品，保证幼儿午睡安全。

方法：

在午睡前，教师可以温馨提示幼儿："小朋友要睡午觉了，你口袋里的小宝贝也要睡午觉了。漂亮的收纳盒是小宝贝的床，快来送你的小宝贝上床睡觉吧。"以此引导幼儿将自己喜爱的小宝贝放入收纳盒中，并将收纳盒放在幼儿看得见的地方，使幼儿放心入睡。离园时，教师可提醒幼儿将心爱的宝贝带回家。

 妙招二：睡前小故事

目的：安稳进入梦乡。

方法：

为安抚幼儿情绪,帮助其建立安全感,教师可在每天午睡前给幼儿讲故事、说儿歌,幼儿听着故事,情绪会逐渐稳定下来,慢慢进入梦乡。

【案例回放】

案例一:一天,乐乐穿了一双带珍珠的小皮鞋在活动室里跑来跑去,其他小女孩都羡慕得不得了,大家都围着乐乐的鞋摸摸看看。午睡时,悦悦上厕所,顺手将乐乐皮鞋上的小珍珠抠下来一颗,悄悄攥在手心里,然后上床闭着眼睛假装睡觉。趁教师不注意时,悦悦便拿起小珍珠玩了一会儿,不知不觉便睡着了。当教师巡回检查时,发现悦悦嘴角白白亮亮的,走近一看,原来是乐乐鞋上的小珍珠。幸好教师及时发现,如果悦悦将珍珠塞入耳、鼻,将会造成更大的身体伤害。

被子上的缝衣针

案例二:就寝前,童童紧张地拿着一根细细长长的缝衣针,激动地喊:"老师,快看,这有一根针,我在小宝床上发现了一根针。"小朋友迅速围拢过来,叽叽喳喳地议论着,"小宝被子上有针"、"快躲开,小心被针扎着"。教师迅速联系了小宝家长,原来是奶奶在给小宝缝被子时,将针落在被罩上,忘记取下来了。这次幸好被童童发现,并及时交给教师。如果被小朋友当玩具玩弄,后果将不堪设想。

【案例分析】

虽然在晨检时,幼儿已经将"小宝贝"都交给了教师,但是还要预见到,自由活动期间,有的幼儿会将户外小树枝,活动区里的小玩具、小豆豆悄悄藏在口袋里,等到就寝之后,再拿出来在被窝里玩。

幼儿藏起来的皮筋、小豆子、瓜子、小发夹、小刀、玻璃片、小球,衣服上脱落的小纽扣,遗落在被褥上的针线等都是安全隐患,因此,教师需要不断检查幼儿是否带小玩具或者其他小东西进入寝室。

【案例启示】

(1)要加强安全检查,将幼儿从家里带来的物品逐一排查,确保安全。在午睡值班的过程中,教师要不断巡视且注意观察,以便及时发现、处理。

(2)动员家长重视起来,增强安全意识,对幼儿将会接触到的物品进行详细了解。建议家长给幼儿着装时,避开有饰物的衣服和鞋子,这样不仅可以避免幼儿间的互相攀比,还可以避免因饰物脱落而造成的安全隐患。

(3)要鼓励幼儿争当小侦查员、小通讯员,将发生的紧急情况及时告诉教师。

三、防饱食后午睡

有的幼儿吃饭没有节制,看到自己喜欢的餐食,便会狼吞虎咽,吃饱了还要吃。有的家长认为幼儿胃口好,吃得多是身体健康的表现。其实,幼儿全身各个器官都处于不成熟的阶段,消化系统所分泌的消化酶量比较小。如果吃得太饱,容易加重消化系统的工作负担,引起消化不良,还会危害肠胃,甚至导致大脑早衰。如果幼儿在饱餐后午睡,容易发生呕吐、窒息等危险。为保证幼儿适量进餐,可采取以下小妙招。

 妙招一:我是小小美食家

目的:让幼儿学会细嚼慢咽,有利于消化。

方法:

在午餐进餐的过程中,对于胃口非常好、饭量自控力弱的幼儿,教师要鼓励他们争做小小美食家,慢慢品尝饭菜,切忌狼吞虎咽。进餐时,让幼儿干稀搭配,混合着进食,即一碗主食、一碗汤食。这样,当幼儿有了饱腹感,就会相对地减少食物摄取,即可避免过量进餐。

 妙招二:慢散步

目的:帮助幼儿消化。

方法:

在幼儿吃午饭时,教师要注意让幼儿吃饱即可,不可过食,同时也要让幼儿学会细嚼慢咽,利于消化。从幼儿园一日生活的安排上来说,吃过午饭就要午休,因此,午饭后的散步是非常有必要的。幼儿园应保证幼儿餐后至少20分钟的散步时间。在散步过程中,师幼可以轻声细语地交流,讨论饭菜的口味,讨论上午好玩的游戏,畅想中午的美梦。

四、防胸闷、防窒息

大多数幼儿基本能保证以正确的睡姿入睡,但有个别幼儿喜欢张口入睡、趴着睡、蒙头睡、左侧卧睡、夏天对着空调口睡等,这些不良的睡眠习惯会影响幼儿的身体健康。针对以上情况,纠正不良睡姿也是教师在午睡环节需要关注的重点。

 妙招:睡姿辩论会

目标:懂得用正确的睡姿午睡。

方法:

教师可以将各种睡姿(如翘着腿睡、嘴里含着东西睡、趴着睡、蒙头睡等)以图片的形式呈现出来,让幼儿结合自己的认知经验,讨论什么样的睡姿最健康、哪些不正确的睡姿会影响身体发育等。

安全教育资源

具有一定风险的不良睡姿

一、俯睡

脸面朝下的俯睡具有一定危险性。当幼儿俯睡时,因为不能主动避开口鼻前的障碍物,所以会使呼吸道受阻,造成缺氧。加上幼儿消化器官发育不完善,当胃蠕动、胃内压增高时,食物就会反流,阻塞本已十分狭窄的呼吸道,具有一定的猝死风险。幼儿最安全的睡姿是侧卧,尤以右侧卧最安全,此种睡姿可使其呼吸道畅通无阻。

二、枕手睡

有的幼儿喜欢枕着自己的小手睡觉。这种姿势可能会让幼儿觉得有安全感,但是它不仅影响幼儿的血液循环,还会导致胳膊麻木酸痛,让幼儿起床后会觉得疲累等,有时还会使腹内压力升高,久而久之可能会引起胃食管反流,伤害食道。教师或家长在发现后要及时调整幼儿枕手睡,可以用一个小枕头给幼儿垫着,帮助幼儿逐步改掉这个错误的睡姿。

三、蒙头睡

有的幼儿喜欢蒙头大睡,其实这是不科学、不健康的。当蒙头睡时,随着棉被中二氧化碳浓度升高,氧气浓度会不断下降,时间长了,就会导致幼儿缺氧,降低睡眠质量。幼儿醒后,易感到头晕、乏力、精神不足。

四、吹着风(空调)睡

夏天天气炎热,冬天天气寒冷,幼儿园或家里会通过开空调或者开窗的方式来调节室温。如果幼儿吹着风睡,脖子、背部受寒后会导致其气血凝滞、筋络痹阻,以致晨起僵硬疼痛,动作不利落,还易受凉生病或引起呼吸道疾病。因此,幼儿睡觉应避开风口,床要与窗、门保持一定距离。

五、吃太饱睡

"胃不和,则卧不安"。如果幼儿在睡前吃得过饱,会使其大脑更兴奋,造成入睡困难或难以进入深度睡眠,还会加重体内代谢负担,引起消化不良。因此,午餐后可让幼儿慢慢散步或做不剧烈的游戏,以20分钟左右为宜。

正确的睡姿是右侧卧睡。教师在午睡巡查的过程中,在不影响幼儿睡眠的前提下,可轻柔调整幼儿的不良睡姿,以保证幼儿睡得舒服、香甜。此外,还要及时和家长沟通,告诉家长不正确睡姿对幼儿健康的影响,以保证幼儿在家也能养成良好的睡眠姿势习惯,做到家园共育。

五、防远离教师视线

午睡值班期间,教师要高度警惕,不可疏忽。幼儿年龄小,自我保护意识和能力都比较弱,容易发生各种意外伤害事故。尤其是在起床和入睡环节,一部分幼儿在卫生间,一部分幼儿在寝室,很难保证每个幼儿都在教师的视线之内。此外,睡在上铺的幼儿如果在上楼梯时东张西望、边玩边上,很容易从上铺或者从楼梯上跌落下来。有的幼儿会趁教师不注意调皮起哄,在床上打闹、扔衣物、蹦跳等。针对此类现象,教师除了要对幼儿进行必要的安全教育外,还可以用以下小妙招防止意外事故的发生。

妙招一:制定班规

目的:保证幼儿在教师的视线范围内,防止发生意外。

方法:

教师与幼儿约定,准备上下高低床时,先看寝室内是否有教师。在确保教师在场的情况下,才可以上下高低床,同时应小心翼翼,不可以慌张或横冲直撞。

妙招二:小小安全员

目的:保证教师及时了解幼儿的入睡情况。

方法:

将幼儿按照床铺位置分为若干小组,每组选出一名小组长作为小安全员。当教师不在寝室内,组员准备上下高低床或者在床铺上嬉戏打闹时,小安全员应马上告诉教师,使教师可以及时制止其不良行为的发生。

另外,教师要加强责任意识,在值班期间不串岗,确保幼儿在视线内活动。

六、防忽视——学会表达

有的幼儿在午睡时如出现流鼻血、肚子不舒服、衣服脱不下、想小便等情况就只会哭,或小便憋不住了尿在床上,大便在裤子里也不告诉教师。这样的幼儿大都性格胆怯,害怕受到教师的批评指责,不敢向教师求助或者不会求助,只会用等待来表达自己的无助。针对这些幼儿,我们可以采用以下小妙招。

 妙招一:建立幼儿健康档案

目的:教师全面掌握每名幼儿的健康状况。

方法:

在新生入园前,幼儿园为每位新生家长发放一份幼儿健康状况调查表。家长应详细填写幼儿的既往病史、过敏源等信息。健康档案一式两份,卫生保健室一份,各班留一份,教师对每名幼儿的健康状况要了如指掌。当发现异常时,要及时作出反应。

 妙招二:碰到问题我敢说

目的:幼儿碰到问题时能敢于表达。

方法:

鼓励幼儿有事及时和教师沟通,大胆表达自己的想法。当身体不舒服、心情不愉快、同伴间发生矛盾时,都要及时跟教师交流,做一个勇敢、快乐的小朋友。

碰到问题我敢说

幼儿园里朋友多,有事要对老师说。

口渴了,我敢说。没吃饱,我敢说。

尿床了,我敢说,冷了热了我敢说。

大便小便我敢说,哪不舒服一定说。

老师夸我真勇敢,样样事情我敢说。

除了在晨检时要测量幼儿体温,排查感冒发烧者外,教师在幼儿午睡的过程中也要多看、多摸、多观察,即:看幼儿的脸色、精神状态;摸幼儿的手心、额头、后背的温度;观察幼儿的呼吸是否顺畅,面部表情是否放松、愉悦。若发现异常(如:高烧、惊厥、腹痛、脱肛等),应立即采取恰当的方式处理,必要时通知保健医生,联系家长,并带幼儿去医院就诊。

【案例回放】

午睡时间到了,小朋友们都在忙着脱衣服准备午睡。凯凯这时已经脱下了裤子,叠好了上衣,乖乖地钻进了被窝,入睡前没有任何向教师求助的举止。当所有的幼儿都入睡后,教师依次检查幼儿被子是否盖好,是否还有未入睡的幼儿。当靠近凯凯时,只听见他急促的喘气声,再看凯凯的身体,也在不停地抽动,眼球上翻、口吐白沫,于是老师迅速联系保健医生以及家长,并带幼儿迅速就医,确诊高烧惊厥。

【案例分析】

凯凯属于内向、胆怯的孩子,当遇到困难或身体不舒服时,不知道求助教师,连求助的外在表现也没有,这样就很容易在突发情况出现时,教师反应不够及时。

【案例启示】

作为教师,平时要鼓励幼儿把自己的想法大胆地说出来,用温和的语气引导幼儿,如:是不是需要老师帮忙?老师很乐意帮助你的。当幼儿尝试向教师求助时,教师要积极回应,对能够积极主动表达自己需要或者看到紧急情况报告教师的幼儿,要在全班小朋友面前给予表扬,鼓励更多幼儿大胆表达自己的需求。另外,教师还要和家长沟通,请家长创造温馨、宽松的语言环境,鼓励幼儿有困难及时求助,不要过度保护,包办代替。

总之,教师要有智慧,要及时发现问题,分析问题背后产生的原因,从幼儿的年龄特点、家庭环境、情感态度、能力发展、习惯养成等多方面考虑,引导幼儿逐步实现从"他控"到"自控",帮助幼儿建立自我保护意识,培养其良好的午睡习惯。

教师可结合上述小策略、小妙招,为幼儿创设一个舒心、安全的午睡环境,牢固树立"安全重于泰山"的思想,及时排查安全隐患,以降低安全事故的发生。

善于表达的孩子脾气好[1]

美国宾夕法尼亚州立大学的研究者发现,幼童的语言技能越发达,他们在学龄前阶段随意发脾气的可能性就越低。这是因为他们能更好地表达、谈论自己的想法并承受挫败感。

研究人员选取了120名年龄从18个月到4岁的儿童,对他们的语言技能和应对挫败的能力进行了分析测试。结果显示,语言技能较强的幼童较少发脾气,并且他们在遭遇挫折时,会平静地向父母求助。

如果要培养孩子的表达能力,首先,家长可以常给孩子讲故事、说笑话,从而让他们学会倾听。其次,鼓励孩子每天放学后说说学校发生的事情,或讲个小故事并让他们复述。最后,要让孩子多交朋友,因为同龄人智力水平和心理状态相似,沟通起来会更加容易。

安全教育活动"我会爬高低床"

活动目标:

(1) 认识高低床,并记住自己的床铺。

(2) 懂得爬上铺时,手要扶好床柱,脚踩小梯子一步一步往上爬。

活动准备:

高低床的床铺、爬高低床的小视频(正确爬、错误爬各一个)。

活动过程:

(1) 带领幼儿进入卧室,认识高低床。

每一张床由高床和低床组成,上面的床叫上铺,下面的床叫下铺,或者高床、低床。

请幼儿找到自己的床铺,说一说是上铺还是下铺。

(2) 请大班的哥哥姐姐示范爬上铺,并强调要注意些什么。

爬床时,手握紧床柱,脚踩小梯子一步一步往上爬,不能踩着下铺的床边。下床时要一步一步往下。

(3) 观看爬高低床的小视频,说一说小视频里谁做得对,谁做得不对。

---

[1]《善于表达的孩子脾气好》,《北方新报》2014年3月7日(第46版:宝贝秀)。

请睡上铺的小朋友尝试爬床,教师表扬正确的爬床方法,纠正不正确的爬法。

（4）全体幼儿轮流练习爬高低床。

教师逐一指导,鼓励幼儿勇敢、小心地爬高低床。

第三章　游戏活动中的安全及应对策略

游戏是幼儿园中一种重要的活动形式。游戏的种类很多,在游戏活动中难免会存在一些安全隐患,这就需要教师辨识危险源,加强安全关注、安全预防和安全教育的意识和行为。

第一节　自主游戏

自主游戏是让幼儿按照自己的意愿自由选择并以自己的方式进行的一种游戏。自主游戏活动与其他规则游戏、区角游戏等不同,它将游戏的大部分权力交给幼儿。自主游戏离不开幼儿的奔跑、跳跃、钻爬、攀登等,所以该游戏的安全系数比较低,更需要教师提高安全意识。

安全清单

序号	活动场地/设施/行为	危险源	可能导致的事故
1	幼儿着装	衣着不适、鞋带松散	感冒、摔倒
2	走楼梯	拥挤、推搡、拉扯、交头接耳	摔下楼梯
3	场地地面有尖锐物品或凹凸不平	水、石头、沙子、棍子等	幼儿磕碰、摔伤、划伤和肌肉拉伤
4	大型活动器械	螺丝松动、有裂缝、器械不牢固	
5	户外游戏材料的使用	不按游戏材料要求使用	
6	幼儿过于兴奋	幼儿间争抢、打架、奔跑过度	

妙招锦囊

一、出教室前——防衣着不适

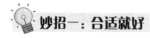

妙招一:合适就好

目的:帮助家长为幼儿选择合适的服装。

方法：

通过开展家长课堂、家园互助等形式普及幼儿着装知识。为幼儿选择服装时，应从健康舒适、活动自如、穿脱方便和美观大方等方面进行考虑。具体建议如下：

(1) 衣服大小应合身，便于幼儿活动和玩耍。

(2) 内衣衣料应选择棉布料，这样不会刺激幼儿的皮肤。

(3) 衣服可宽松些，不宜穿过于紧身的衣服，以免妨碍幼儿活动，影响其生长发育和血液循环。尤其要注意的是，裤裆不能太紧，以免刺激生殖器。男孩不宜穿拉链裤，以免不慎把生殖器的包皮嵌入拉链中。

(4) 衣服要易穿脱，这对于上幼儿园的幼儿尤其重要。衣服要尽可能在前面开襟，纽扣要钉在幼儿能摸得到的地方，不宜太多，以3—4个为宜。无论上装还是裤子，最好都有口袋，便于幼儿装东西。不过，尽量不要在口袋里装物品，以免发生不必要的危险。

(5) 宜穿柔软又轻巧的布鞋、跑鞋或球鞋，而不宜穿皮鞋。另外还要注意，不穿硬底鞋或后跟较高的鞋，因为这类鞋较滑且不舒服；幼儿还不会系鞋带，不要穿有带子的鞋；应选择前部宽松，略大一点的鞋子（但不宜过大，以免幼儿摔倒）。

 妙招二：设立服务站

目的：预防幼儿运动过度，身体无法负荷。

方法：

当进行户外活动时，教师可在幼儿集中玩耍的区域附近提供凳子、水、毛巾等物品（服务站）。幼儿在自主游戏时的活动量往往会很大，排汗量也就很大，如果提前准备了这些物品，幼儿就可以及时擦汗、喝水，从而预防感冒。同时，设立服务站能便于教师及时观察幼儿，如：是否需要为幼儿增减衣物，鞋带有无松散等。

二、出教室中——防走楼梯拥挤

 妙招一：学开火车齐步走

目的：防止幼儿在前往户外场地的过程中因乱跑而受伤。

方法：

告诉幼儿我们要开火车出去玩，教师当车头，每个幼儿都是一节车厢，排好队依次跟着往前走。

💡 妙招二：上下楼梯歌

目的：幼儿学会安全地上下楼梯。

方法：

教师教唱《上下楼梯歌》，并让幼儿在上下楼梯时唱这首歌。

上下楼梯不拥挤，一个一个跟得齐，

手扶栏杆慢慢走，一阶一阶走上去，

下来还是靠右边，一个一个有顺序，

保证安全是第一，一定一定要牢记。

安全教育资源

排队的小窍门

排队是幼儿园一日生活中必不可少的环节，它能保证幼儿有序活动，又能培养幼儿的规则意识。幼儿从不会排队到快速排好队，从队伍"九曲十八弯"到直得像条线，需要教师采取多种方法培养。

一、不会排时找标记

幼儿初学排队时很难排成一排。教师可以在班级排队的地面贴上一些标识，给幼儿一定的提醒与支持。如在地面贴上一条直线，引导幼儿两只小脚紧紧地夹住中间的直线，这样队伍就排直了。还可以将直线当做"飞机跑道"，幼儿当"飞机"，站在跑道上，双臂打开，教师和幼儿一起说："大飞机，伸翅膀。"

二、排不直时"串糖葫芦"

如果排队总是站不直，教师可以和幼儿一起说"糖葫芦，细又长，一串一串真漂亮，哪串排得最好看，妈妈先去尝一尝。"说完看哪位幼儿站好了，教师便可以摸摸他的头，假装舔一舔，说："这串葫芦宝宝可真好，串得又直又甜。"被表扬的幼儿会站得更直，没有站好的幼儿也会赶快站好。

三、晃来晃去时玩角色扮演

在排队时，幼儿有时候会晃来晃去，排好的队一会儿就乱了。教师不妨请幼儿玩扮演游戏，如：幼儿当"大钉子"，教师说"我是一颗钉"，幼儿回答"站得直又正"。同样地,幼儿还可以当"木头人"等。

四、玩手指游戏

如遇需有先有后排队的情况,教师可以组织先来排队的幼儿玩个手指游戏,以减少幼儿的消极等待时间。

 妙招三:一步一个脚印

目的:让幼儿按照规定的路径上下楼梯。

方法:

在楼梯台阶贴上与幼儿的脚尺寸相当的标识,教师要求幼儿上下楼梯时尽可能跟着脚丫走。

 妙招四:队尾"我"护航

目的:预防队尾的幼儿拥挤、打闹。

方法:

在幼儿排队下楼时,在队尾增加一名教师,以免幼儿拥挤、打闹,并提醒幼儿跟紧队伍。

楼梯间的脚丫标识

安全教育资料

上下楼梯的小故事

让幼儿知道上下楼梯时要注意安全,知道在楼梯上玩耍和滑扶梯的危险性,并学习上下楼梯的正确方法,如:上下楼梯靠右走。勿将楼梯当作玩乐场所,培养幼儿初步的安全意识和规则意识,养成安全文明的好习惯。可运用以下故事来帮助幼儿养成安全文明的好习惯。

皮皮猴的故事

皮皮猴到森林里玩,看到一幢房子。皮皮猴轻轻地推开门,看到房子中间有着很漂亮的楼梯,走一个台阶,台阶就会发出好听的声音 do、re、mi……

"嘭!"低头走着的皮皮猴没有看到下楼来的小黄鸭,两人都没有礼让对方,于是撞在一起弄了个满头包。

这时,大象老师经过,对皮皮猴和小黄鸭说:"上下楼梯要礼让,安全第一靠右走。"皮皮猴记住了大象老师的教诲,可没一会儿的工夫,他的调皮劲儿又上来了,他在楼梯上上下下,来来回回地走着,他感觉太没有意思了,心想不如跳着玩吧。于是,皮皮猴一个一个台阶地跳着,又两个两个台阶地跳着。正玩得起劲时,一不留神,两脚一滑,摔倒在地上。

皮皮猴"哎哟"地叫了一声,又爬了起来。哼!它想:爬楼梯会摔跤,那我就滑扶梯玩吧,这样总不会摔跤吧!于是,皮皮猴又爬上扶梯,飞快地滑了下来,由于速度太快,皮皮猴抓不住扶手,只听"咚"地一声,皮皮猴重重地摔到了地上。皮皮猴痛得大声哭喊着:"哎哟,哎哟,痛死我了。"皮皮猴一边哭一边想爬起来,但是怎么爬也爬不起来。

皮皮猴的哭声被路过的大眼猫听见了,大眼猫急忙把皮皮猴送到了医院。到了医院,河马医生告诉皮皮猴:"你的腿摔骨折了,需要住院进行治疗。"这时,皮皮猴后悔极了,他想:今后上下楼梯时一定要注意安全,一步一步地走,不能在楼梯上玩耍了。

教师可以就故事的内容与幼儿进行如下交流:

(1)故事中的皮皮猴是怎样上下楼梯的?发生了什么事?

(2)皮皮猴和小黄鸭发生了什么事?大象老师对他们说了什么?

(3)皮皮猴把楼梯当滑梯对不对?楼梯是我们的游乐场吗?

(4)皮皮猴受伤后,河马医生对他说了什么?应该如何上下楼?

最后,可以总结上下楼梯时的注意事项:在上下楼梯的时候,不要害怕也不要着急,靠右边走,眼睛看着前方,右手扶住栏杆,脚踩稳台阶一级一级地向前走;人多时要一个跟着一个上下楼,不拥挤、不抢先;上下楼梯有秩序,小脚不要伸出去,双腿不能骑栏杆。

三、出教室后——防磕碰、摔伤、划伤和肌肉拉伤

 妙招一：维修护理要做好

目的：保障大型器械的安全性。

方法：

(1) 幼儿活动前，教师在选定场地后要做好检查，排除不相关的危险物品，如：水、石头、沙子、棍子等。

(2) 定期排查、维修大型器械。例如：

① 滑滑梯的坡度要适当、边角要光滑，着地点应铺设垫子，以减小幼儿滑落时的冲击力。

② 摇篮、秋千有无螺丝松动、有无裂缝；固定器械是否牢稳等。

③ 在安装摇椅、荡船等玩具时，重心要低，吊环要牢固。

 妙招二：教师把好器械关

目的：让幼儿合理使用器械。

方法：

(1) 在投放器械时，教师要把握好活动器械的数量、类型及使用规则，尽量满足所有幼儿的需求。

(2) 首次投放新器械的时候，要讲清楚器械的使用方法，并做正确示范。

妙招三：分组游戏

目的：预防幼儿争抢、推挤。

方法：

幼儿在玩滑滑梯、荡秋千等大型器械时，教师要组织幼儿分组排队。比如将本班幼儿分为几组，每组选一个组长，一组玩滑梯，一组玩秋千，一组玩自己想玩的其他器械，然后组与组之间协商交换。在玩的时候也要排队，一个一个地玩。

妙招四：适可而止

目的：避免幼儿因游戏时间过长而拉伤肌肉。

方法：

教师根据幼儿年龄，合理分配自主游戏的时间。可以先规定一个时间，再用一个有趣的形式进行提示，比如，敲铃铛、放一段固定的音乐、教师弹奏一段曲子等。

妙招五：因材投料

目的：防止因游戏难度不适宜而使幼儿拉伤肌肉。

方法：

根据"最近发展区"原则，教师在投放活动区材料时，一定要明确幼儿的年龄及身心发展特点。

（1）在钻爬区内，投放活动材料要因人而异。小班幼儿年龄小，动作发展不够灵敏与协调，提供的钻爬器材可以大一些、高一些；中、大班幼儿则可以开展一些如匍匐爬行、侧身爬行等挑战难度较大的钻爬活动。

（2）在投掷区内，应提供适合于投远和投准两大类活动的材料。如用于投远的沙包，在重量与大小上应有所不同，距离上有近、有远，材料上应多种多样，如布飞盘、飞镖、纸球、流星球等。

投掷材料

（3）在跳跃区内，教师可以为幼儿提供能进行跳高、跳远、跨跳等活动的器材。教师可鼓励幼儿一物多玩或利用现有器材进行组合搭建，充分挖掘组合搭建材料的功能，如：橡皮筋、绳、棒组成的跨跳栏等，让幼儿体验创造和运动所带来的快乐。

在组织幼儿玩自己制作的纸球时，教师可鼓励幼儿玩出多种花样，如：踢纸球射门、抛接练习、用纸球当子弹互相追逐射击、夹球比赛（不用手拿球，可以把球夹在两腿中间跳着走，或者夹在腋下跑，或者放在脖子底下夹着走）等，让幼儿创造多种玩法，提高幼儿锻炼的兴趣，发展幼儿自主创造的能力。

总之，教师在组织自主游戏时，可采用以下通用的妙招：

嘴勤——在自主游戏活动中，对幼儿反复进行安全教育，时刻提醒幼儿注意安全。

眼勤——时刻保证幼儿在自己的视线范围内。

手勤——发现安全隐患及时处理,不可拖延;教师及时为幼儿提供游戏及玩具玩法的正确示范。

美国《公共游戏场地安全手册》——游戏场地安全标准

为了给儿童提供安全的游戏环境,减少与游戏场地相关的死亡和伤害事件的发生,美国消费品安全委员会(简称CPSC)于1981年首次出版了《公共游戏场地安全手册》(以下简称《手册》),并进行了多次修订。《手册》可供儿童保育人员、学校管理人员、公园和娱乐场地工作人员、游戏设备购买者和安装人员、公共游戏场地设计者和其他公众(如父母和学校团体)使用。

一、《手册》的基本内容

《手册》的安全建议指南分为两类:综合型与专项型。综合型安全建议指南主要是对游戏场地所有设计、布局、维护环节给出的建议性参考标准,以及游戏场地危险模式的预防,该部分以建议性的指导意见为主,并给出相关量化指标的参考依据。

公共游戏场地综合型安全建议指南

类　别	主　要　内　容
游戏场地选择	应考虑的因素及场地遮阴
游戏场地布局	可达性、年龄隔离、年龄分组、冲突的活动、视线、标识和标签、监护
游戏设备的选择	不建议6个月至12岁儿童使用的游戏设备
游戏场地表面	游戏场地表面材料的类型及选择
设施材料	材料的涂饰剂、硬件、金属、油漆、木材的使用及选择
游戏场地的危险	与游戏场地相关的挤压与剪切、缠绕和刺穿、卡夹、悬空、跌绊等危险
游戏场地维护	游戏场地的维护检查、维修、松散填充表面的维护、维修记录的保存

专项型安全建议指南主要是针对游戏场地中主要的设备类型和儿童容易发生事故的游戏设备给出的建议性参考指标或详细的指导建议,具体包括游戏设备设计与使用时的注意事项、下落高度、使用区域等。

公共游戏场地专项型安全建议指南

类　别	主　要　内　容
平台、护栏	不同年龄阶段儿童使用的护栏与平台类型、规格
游戏设备的通道模式	游戏设备的通道类型,不同通道类型的建议尺寸,通道扶手的建议高度
常用游戏设备	平衡木、攀爬设备、圆木滚筒、旋转木马、跷跷板、滑梯、滑槽、弹簧摇椅、秋千等游戏设备的建议尺寸、下落高度、使用区域等
游戏场地的测试	游戏场地常用的测试工具、测试方法与步骤

三、关键定义

(1)指定游戏表面——任何用于站立、行走、爬行、坐或攀爬的高架表面或水平表面,该表面大于 2 英寸长×2 英寸宽,与水平面角度小于 30 度。

指定游戏表面

(2)保护性表面——在游戏设备使用区域中用于减震的表面材料。

 合适的表面

· 任何通过ASTM F1292测试的材料，
包括统一铺面、实木纤维等；
· 小卵石；
· 沙子；
· 粉碎的/可回收的橡胶地膜；
· 木材覆盖物（未经CCA处理的）；
· 木屑。

 不合适的表面

· 沥青；
· 未通过ASTM F1292测试的垫子；
· 混凝土；
· 泥土；
· 草坪；
· CCA处理的木材覆盖物。

保护性表面

（3）护栏/围栏——围绕在高架平台上的封闭装置，旨在防止儿童无意中从高架平面上跌落。

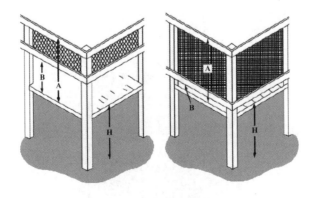

护栏/围栏的规格

	护栏	围栏
防止跌落	是	是
阻止攀爬	否	是
防止攀爬	否	是

	护栏	围栏
学步阶段		
A——距离平台上部边缘的距离	不建议	A≥24 英寸
B——底部边缘与平台的距离	不建议	B<3 英寸
H——建议的平台下落高度**	不建议	H≥18 英寸
学龄前阶段		
A——距离平台上部边缘的距离	A≥29 英寸	A≥29 英寸
B——底部边缘与平台的距离	9 英寸<B≤23 英寸	B<3.5 英寸
H——建议的平台下落高度**	20 英寸<H≤30 英寸	H>30 英寸
学龄阶段		
A——距离平台上部边缘的距离	A≥38 英寸	A≥38 英寸
B——底部边缘与平台的距离	9 英寸<B≤28 英寸	B<3.5 英寸
H——建议的平台下落高度**	30 英寸<H≤48 英寸	H>48 英寸

（4）下落高度——游戏设备上指定的最高处游戏表面与最低处保护表面之间的垂直距离。

注意器械的下落高度

（5）缠绕——使用者的衣服或颈部周围的束带、物体被游戏场地设备的部件钩住或缠绕住的情况。

（6）卡夹——阻碍身体或身体一部分从入口处退出的情况。

容易造成缠绕的部件

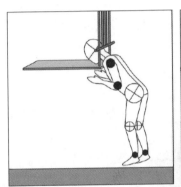

卡夹的情况

卡夹危险：当网状结构的周长在17—28英寸时。

应小于17英寸或大于28英寸。

防卡夹的注意事项

（7）突出物——可能对使用者身体造成伤害的危险突起。

突出物

（8）使用区域——能够预测儿童从游戏设备跌落或离开设备时可到达的底部与周围表面区域。

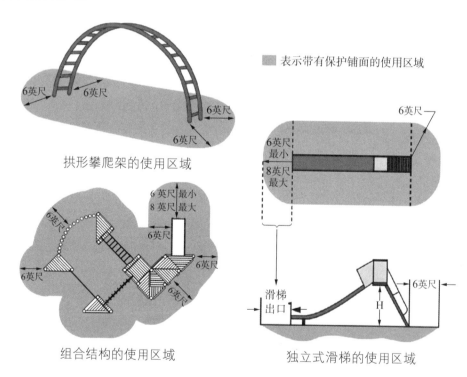

拱形攀爬架的使用区域

组合结构的使用区域

独立式滑梯的使用区域

表示带有保护铺面的使用区域

四、游戏场地中的危险及预防

（1）挤压。任何有可能挤压到儿童身体四肢的物体都不能让儿童在游戏场地

中接触。零部件之间的移动,或在使用周期内的固定零件的移动,都可能会形成挤压点。在确定是否存在挤压点时需要考虑以下两点:

① 儿童身体某一部位进入该位置的可能性。

② 该位置周围的闭合力度。

(2) 缠绕和刺穿。游戏设备中的突起部分不能缠住儿童的衣服,也不能太明显,以免伤害到儿童。为了避免这些风险,我们需要注意的问题有:

① 突起部分的直径超出周围表面(如左图)。

② 螺栓暴露的部分不应超过螺母末端的两个螺纹(如右图)。

③ 所有的挂钩,如 S 形和 C 形都应紧闭。

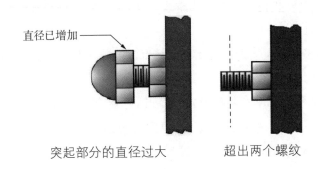

直径已增加

突起部分的直径过大　　　　超出两个螺纹

(3) 带状物和绳索。在游戏设备上,夹克、运动衣和其他上衣帽衫上的束带会被缠住,可导致儿童窒息死亡。为避免这些危险,我们需要注意的有:

① 儿童不应穿戴首饰,不穿带有束带的夹克或运动衣、绕过手臂的连接手套或其他带有束带的上衣。

② 远离拴在游戏设备上的绳索和其他类似的物品。这些物品可能会使儿童缠绕在设备上并导致其死亡。

③ 避免使用两端未固定的绳索设备。

④ 在可能发生潜在缠绕事故的滑梯设备或其他设备的附近放置提醒标签和标识。

(4) 头部卡夹。头部卡夹是游戏场中须密切关注的问题,因为它会导致儿童窒息死亡。如果儿童首先用头或脚进入一个开口,儿童的头部很有可能被卡住。此外,在游戏场地的设备上,儿童不应戴自行车头盔。如果固定开口处内部两个表面之间的距离是 3.5 至 9 英寸时,这个固定开口也可能存在卡住儿童头部的危险。我们应当按照《手册》中的建议进行测试。

(5) 锋利的点、角、边。游戏场地或游戏设备任何部位上的锋利的点、角、边,都有可能切伤或刺穿儿童的皮肤。如不采取保护措施，锋利的边缘会导致儿童严重的撕裂伤害。为避免锋利的点、角和边带来的伤害风险，我们需要注意的有：

①使用盖子或塞子覆盖住裸露在地面上的管道端口，并确保在不使用工具的情况下打不开。

②木质部分应当光滑无木刺。

③所有的角、金属和木制品都应是圆的。

④所有的金属边都应是包边或圆的。

⑤滑梯上不应有锋利的边，特别注意滑梯侧面金属边缘和出口处的金属边缘。

⑥如使用放射状钢丝束带作为游戏设备，应定期仔细检查设备，以确保没有裸露的钢带和钢丝。

⑦定期检查设备，以防止因设备磨损而产生残破的木材，锋利的点、角或边，从而伤害儿童。

（6）悬空危险。儿童在使用游戏设备时，可能会在奔跑时因游戏设备中的悬空组件（如：电缆、绳索或其他柔韧组件）而受伤。当这些悬空组件在水平 45 度内，并位于保护表面上方 7 英尺的位置时，会变得非常危险。为避免悬空危险，悬挂组件时应注意：

①应远离交通高流量区。

②应采用明亮的颜色，与周围的设备表面形成对比。

③不能在其他绳索、电缆或链条上环绕形成 5 英寸或更大周长的圆。

④应在游戏设备的两端固定。

（7）跌绊危险。儿童使用的游戏场地不应出现绊跌危险，要注意的内容有：

①所有游戏设备的锚定装置，如：混凝土基脚架或攀爬架底部的水平杆，应安装在地面以下和保护性表面材料基座的下方，以防止儿童因跌倒在暴露的基座上而受到额外的伤害。

②表面的防护墙应有较高的可见性。

③任何高度的变化都应当明显。

④使防护墙的颜色与表面材料的颜色形成对比，提升可见性。

五、如何保障游戏场地的安全

（1）游戏场地的设计与布局。在选择游戏场地时，应考虑的因素有：儿童进出场地的出行方式，以及在儿童进出游戏场地时是否会存在危险；游戏场地附近存在的潜在危险因素,如交通、湖泊、池塘、溪流等;游戏场地的日照与遮阴,如被阳光完全暴晒的金属滑梯、平台、台阶等是否会灼伤儿童;场地的斜坡与排水系统等因素,如在下雨时,场地的松散填充材料是否会被冲走等。

(2)定期检查与维护。应对每个游戏场地制定一个全面的检查与维护计划。对所有的游戏场区域和设备进行检查,以确定是否存在过度磨损、老化和其他潜在的危险。

(3)监护。监护的质量取决于监护者对安全游戏行为的了解水平。父母和游戏场监护人应明白:并非所有的游戏场设备都适合所有的儿童。监护人应寻找贴在游戏设备上符合使用者年龄的标识,并指导儿童选择适合他们年龄的游戏设备。

第二节　区角游戏

区角游戏是幼儿游戏中的一种重要的自主游戏形式,它是以快乐和满足为目的,以操作、表演等为途径的自主性学习活动,能有效地促进幼儿手眼协调能力及良好个性的发展,同时也是幼儿主动寻求问题解决方法的一种独特形式,有助于提高幼儿处理问题、解决问题的能力。在游戏过程中,各个区域都会出现一些安全隐患,需要我们提前进行辨识和预防。

安全清单

序号	区域	危险源	可能导致的事故
1	美工区	剪刀	划伤
2	表演区	把道具当武器	受伤
3	益智区	微小的物件,如:小珠子、小棋子	塞入鼻孔、耳朵、嘴巴等
4	建构区	玩具不卫生	生病
5	所有区角	拥挤、争抢;材料放置的位置	摔伤、打架、砸伤

妙招锦囊

一、美工区——防幼儿划伤

 妙招一：寓教于"歌"

目的：帮助幼儿牢记剪刀的正确使用方法。

方法一：

教师示范如何使用剪刀，并在幼儿使用的过程中不断巡查，纠正不正确的用法。教师可以用儿歌的方法帮助幼儿记忆，如：小剪刀，尖又尖，尖尖剪刀有危险，手拿剪刀不乱跑，坐在位上安静剪。

方法二：

教师为幼儿讲述童话故事，如《奇奇的小剪刀》，引导幼儿正确使用剪刀。特别是在递剪刀的时候，要将刀柄朝着对方。当别人将剪刀头朝着自己递剪刀时，一定要注意安全，应伸手去拿刀柄。

 妙招二："我"要回家休息

目的：把剪刀收起来，放回安全位置。

方法一：

教师一个一个收回剪刀。活动时间到了之后，教师提醒幼儿将剪刀放在身前的桌子上，小手放背后，教师依次将剪刀收回。

方法二：

幼儿自己放回。教师可在美工区特定角落放置收纳筐，活动前告知幼儿，用过剪刀后要把剪刀送回"家"，即收纳筐，让它"休息休息"。

二、表演区——防幼儿受伤

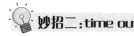 **妙招一：教师盯梢**

目的：避免因幼儿不合理地使用道具而发生意外伤害。

方法：

可由专门的一位教师在表演区来回巡视，当发现幼儿使用道具不当时，要及时制止并加以正确指导。

妙招二：time out

目的：使幼儿遵守规则，预防受伤。

方法：

根据幼儿的年龄采取温柔的"惩罚"。教师可以在区角周围的角落设置一个区域，当幼儿违反表演区的规则时，让幼儿到该区域安静地待上几分钟。教师可以根据幼儿的年龄特点和具体情况决定时间，最长请勿超过5分钟。

三、益智区——防幼儿乱塞

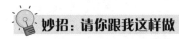 **妙招：请你跟我这样做**

目的：帮助幼儿正确玩串珠游戏。

方法：

教师设计一节串珠游戏课，可以利用多媒体或亲身示范的方式让幼儿学会玩串珠游戏。当幼儿学会正确使用玩具材料时，他们通常不会再做出危险行为了。

四、建构区——防幼儿生病

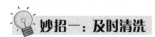 **妙招一：及时清洗**

目的：预防幼儿感染细菌。

方法：

活动结束后，教师组织每位幼儿使用香皂（洗手液）洗手。对于使用后的玩具，教师要以正确的方式进行清洗。

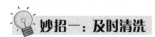 **妙招二：定期消毒**

目的：防止细菌感染，预防传染疾病。

方法：

教师要对建构区的玩具进行定期的消毒处理。常用消毒方法有：

（1）机械消毒法。其特点是操作简便，是教师每天必用的方法。它能清洁除尘，排除或减少病原，但不能杀灭病原体，如刷洗或利用水的机械作用清洗抹擦、用肥皂洗手等方法。

（2）物理消毒法。利用日光或开窗使空气流通，都可减少呼吸道疾病的传播。对一些不宜清洗消毒的工具、教学具等，可放在日光中曝晒，因为日光中的紫外线有强烈的杀菌作用。

（3）热力消毒法。这是一种常用的、有效的消毒方法。大多数病原体可在60℃—70℃内死亡。常用的热力消毒法有消毒柜、流通蒸汽、煮沸消毒等。

（4）化学消毒法。使用经过配制的消毒药，是杀死病原体的一种有效方法。如托幼机构常用的次氯酸钠、过氧乙酸、漂白粉溶液、泡腾消毒片等。它适合于消毒物体表面,如:门窗、地面、厕所、家具、教学具、玩具等的擦洗和卫生间的消毒。

(5) 消毒灯消毒法。常用的为紫外线灯和臭氧消毒灯,但要注意照射面,避免产生卫生死角,适用于房屋和物体表面。

五、所有区角——防幼儿摔伤、打架、砸伤

妙招一:持卡进入

目的:避免区角过于拥挤,预防幼儿摔伤。

方法:

教师为幼儿发准入卡。根据区角的大小,设定可容纳的人数,制作每个区角相应数量的准入卡。

妙招二:量身定制

目的:预防幼儿砸伤。

方法:

材料放置位置要适宜。教师要把游戏材料放置在便于幼儿取放的位置。

【案例回放】

阳光明媚的下午,中二班的幼儿正在区角里快乐地游戏,董老师负责看护美工区、语言区和益智区的幼儿。正当她在语言区跟幼儿一起讨论绘本故事的时候,忽然听见旁边美工区传来了哇哇的哭声。只见冰冰捂着小手正在哭,旁边的嘟嘟手里拿着剪刀正不知所措地看着冰冰。董老师立刻走过去,把冰冰带到了医务室,给冰冰做了简单的处理,所幸冰冰只是破了点皮,没有造成太大的伤害。

【案例分析】

案例中的嘟嘟没有意识到剪刀的危险性,在跟冰冰争材料的时候,把剪刀的尖端朝向了冰冰,无意中伤害到了同伴。美工区活动所需的工具比较多,小、中班的幼儿安全防范意识比较弱,所以教师一定要提前向幼儿说明工具的正确使用方法。如剪刀、铅笔等尖锐物品极易伤及幼儿,为保证安全,教师要先示范,再

让幼儿使用。

【案例启示】

（1）如要幼儿使用具有危险性的物品,教师应该先示范使用的方法,教幼儿学会如何正确使用工具。

（2）教师可以和家长沟通,让家长帮助幼儿学习使用剪刀、铅笔等危险工具。

（3）幼儿在使用危险工具时,教师一定要留意,避免出现安全事故。

安全教育资源

在游戏中培养幼儿的安全意识①

一、安全教育与角色游戏结合

角色游戏：波波溜出幼儿园。

角色：老师、波波、人贩子。

老师：一天,陈老师没有注意,波波自己偷偷溜出了幼儿园。

波波：街上这么多人,有这么多好吃的食物,真开心哦！对面就有一家汉堡店,我要去买汉堡,可是,车这么多,路又这么宽,怎么过去呢?

人贩子：小朋友,我带你去汉堡店买汉堡吃,好不好?

老师：波波毫不犹豫地跟着人贩子走了。走着走着,人贩子从口袋里摸出一块糖递给波波,波波吃了就晕倒了,人贩子抱起波波就跑了。

游戏结束后,老师和幼儿进行讨论：波波被人贩子拐走后会发生什么事? 除了碰到坏人,还可能发生哪些危险?

二、安全教育与体育游戏相结合

在体育游戏开始前,教师要提前告知幼儿游戏中可能会出现的危险,以及应如何避免等。比如,在跳绳游戏中,由于绳子摇起来的时候动力很大,不小心抽在身上会很疼。如果直接告诉幼儿,或许他们就不敢玩了。教师可以先拿出一张

---

① 张海燕：《在游戏中培养幼儿安全意识》,《教育》2017 年第 21 期。

纸,用跳绳抽打,当幼儿看到纸被抽打破了,就会自觉提醒自己,玩的时候要与别人保持距离。再如,在玩"小金鱼"游戏时,要到处跑才不会被捉。但是,在跑的过程中很容易和玩其他游戏的小朋友碰到一起。这时,教师和幼儿可以一起想出画圆圈的办法,在圈内活动就可避免碰撞的发生。

三、安全教育与情境游戏结合

玩"开汽车"游戏时,教师先把场地布置成街道的样子,幼儿扮演司机和行人。教师要让扮演司机的幼儿明白开车时不能与其他车相撞或追尾;让扮演行人的幼儿明白过马路时要走斑马线,红灯停、绿灯行等。通过游戏,幼儿掌握了交通规则,提升了安全自护能力。

在区角活动中培养幼儿安全意识

一、创设安全环境与自我保护意识

教师可结合场所特点设计安全自护标语、图片等,并进行悬挂、张贴。这些标语图片的设计要突出重点、生动有趣,能吸引幼儿及家长关注。如,把幼儿园走廊设计成以安全教育为主题的长廊,内容可以包括消防安全、行走安全、横穿马路、校外安全、家庭生活安全等,以唤醒幼儿安全保护的意识,自觉遵守安全规则。

在班级活动中,教师要注意培养幼儿安全保护的意识。比如,利用区域墙角设置主题班会,创建"家庭生活安全教育"主题墙,通过生动的图片,告诉幼儿怎样使用尖利物品、如何防止烫伤、如何避免触电等,以及幼儿一个人在家时,有陌生人敲门应该怎么办等,让幼儿通过环境耳濡目染学习安全保护的方法。

二、开展区角游戏,渗透安全教育

设置安全教育区角游戏,寓教于乐,让幼儿在玩中学会自我保护。比如,设计区角游戏"不去危险的地方玩耍",其目的是让幼儿知道哪些地方存在不安全因素,如何才能自我约束。游戏开始时,教师可以采用谈话式导入的方法,引导幼儿去思考生活中哪些地方有危险,不能去玩。当幼儿回答了自认的危险场所后,教师可以进一步出示挂图,创设相应的情境,组织幼儿进行讨论。

三、结合领域教学,融入安全教育

在语言领域教学中,教师可以将安全自我保护知识变成儿歌,让幼儿表演,如"小朋友、过马路、守纪律、懂礼貌……";在美术领域教学中,让幼儿画出自己看到的不安全因素,并贴在美术区角中;在社会领域教学中,通过小动物扮相的情景剧表演,让幼儿观看如何正确使用电器、怎样保护环境、怎样对待家里来的陌生人等。通过各领域的教学,让幼儿明白《弟子规》中为什么要求"出必告,反必面"、"宽转弯,勿触棱"的含义。

四、一日生活随机教育

教师要细心呵护每个幼儿,进行必要的引导和指导,针对问题及时进行教育。比如,在散步、上楼梯、看表演节目等活动中,要求幼儿排好队,有序进行;在滑滑梯时做到不争不抢,按顺序来排队。这种一日生活的随机教育,能够让幼儿深刻牢记危险行为,学会改正和应对。

资料来源:徐小娟,《在区角活动中培养幼儿安全意识》,《教育·周刊》2017 年第 38 期。

英国儿童十大宣言

(1) 平安成长比成功更重要。
(2) 背心裤衩覆盖的地方不许别人摸。
(3) 生命第一,财产第二。
(4) 小秘密要告诉妈妈。
(5) 不喝陌生人的饮料,不吃陌生人的糖果。
(6) 不与陌生人说话。
(7) 遇到危险可以打破玻璃,破坏家具。
(8) 遇到危险可以自己先跑。
(9) 不保守坏人的秘密。
(10) 坏人可以骗。

幼儿安全教育绘本推荐

(1)(英)哈里·霍斯.小兔子走丢了[M].赵玉皎,译.北京:连环画出版社,2011.

（2）［美］简·博丹，麦克·博丹.贝贝熊之"安全第一"［M］.毛锐，译.乌鲁木齐：新疆青少年出版社，2011。

（3）［德］达克马尔·盖斯勒，等.自我保护意识培养（1—4辑）［M］.康萍萍，译.沈阳：辽宁人民出版社，2017。

（4）［韩］朴恩景.儿童安全365［M］.金真花，等译.北京：新星出版社，2016。

（5）［英］克莱尔·卢埃林.我的安全养成书［M］.于水，译.北京：电子工业出版社，2015。

（6）［韩］崔胜弼.我的第一套亲子安全绘本［M］.杨竹君，译.北京：九州出版社，2012。

（7）［英］格里芬.牛皮兔亨利的危险书［M］.张立，译.北京：北京科学技术出版社，2009。

第三节　社会实践活动

社会实践活动是幼儿园教学活动中不可缺少的环节与步骤，也是幼儿巩固所学知识、吸收新知识、发展智能的重要途径。社会实践活动还是培养和锻炼幼儿综合能力的一个阶梯，它不仅充实了教学内容、活跃了教学气氛，而且还帮助幼儿拓宽了社会视野、掌握了实践技能，同时缩短了理论与实践的距离，是一个让幼儿接触社会的"演练场地"。

然而，现在很多幼儿园却因为"怕出事"而没有开展或者很少开展社会实践活动。安全问题成了园长、教师头上高悬的一把利剑，担心其随时会落下来。的确，幼儿安全是一切工作的基础，但这不应该成为杜绝社会实践活动的理由和屏障，我们不能因噎废食。那么，幼儿园究竟如何做，才能顺利开展社会实践活动呢？

安全清单

序号	活动场地/设施/行为	危险源	可能导致的事故
1	社会实践时幼儿情绪不稳定	跟随其他家长或其他班级离开	走丢
2	交通工具的类型、数量	不能文明乘坐交通工具	幼儿受伤

序号	活动场地/设施/行为	危险源	可能导致的事故
3	有先天疾病的幼儿参加活动	疾病的突然发作	幼儿病情加重
4	幼儿离开老师的视线	打闹、嬉戏	摔伤

妙招锦囊

一、实践活动前

社会实践活动开展之前的准备工作非常重要,它直接决定着活动能否顺利开展,往往会起着事半功倍的效果。因此活动之前的准备工作,一定要做到细致入微。

 妙招一:充分准备

目的:做好充分准备,预防事故发生。

方法:

(1) 派幼儿园工作人员进行实地路线勘察,排除安全隐患,确保活动顺利进行。

(2) 召开全体会议,明确责任,层层落实,责任到人,确保幼儿外出参观的安全。园领导要进行人员分工、责任划分,做到各司其职,遇到紧急情况不慌张。

(3) 利用班级上课的形式对幼儿进行相关的安全教育,让幼儿掌握一些基本的安全常识。

(4) 印发"致家长一封信"、"告家长书",让家长了解活动的内容与流程,请家长配合幼儿园对幼儿进行安全教育。同时,要让家长签字,回收回执单,幼儿园存档备案。

(5) 如果需要集体用车,一定要和正规的交通运输公司签订交通运输协议,明确各自的安全管理责任。

(6) 按照教育局的文件要求,外出集体活动需要上报备案。所以,活动前一定要向上级教育主管部门、交警大队分别提交书面申请。申请书中要写清活动的时间、地点、人数、路线及车辆等。

妙招二:为幼儿投保

目的:增添保障,减轻负担。

当前,我国意外伤害事故已经成为威胁幼儿人身安全的首要因素,也成为幼儿园实施素质教育的制约因素。幼儿园责任保险,作为代替园方承担对幼儿伤害事故的经济赔偿责任的商业化风险分担机制,对减轻园方赔偿压力、维持幼儿园正常秩序、缓解家长后顾之忧、促进幼儿健康成长都发挥着重要作用。幼儿伤害事故中的园方责任既具有保险标的合法性,又能有效克服责任保险的一些弊端,防止园方出现道德风险。可见,园方责任保险对于和谐幼儿园的构建、素质教育的开展是必要的。

方法:

一般的园方责任险大都把保险范围定在幼儿园内发生的事故,很多园外发生的事故不在赔付范围之内。而对于社会实践活动这样的短期活动来说,活动时间可能就是半天或一天,因此,幼儿园可提前与保险公司联系为幼儿投保"一日险",这样就可以为幼儿增添一份安全保障。一旦发生意外情况,从法律角度来说,也能减轻幼儿园的责任和负担。

此外,对于参与活动的教师,有条件的幼儿园也有必要进行"一日险"的投保,这同样也是对教师的保护和对幼儿园所担责任的减负。

 妙招三:制定安全应急预案

目的:一旦发生紧急情况,可以在第一时间内进行处理,避免造成重大事故。

方法:

预案中最重要的内容是要成立应急小组,并且明确规定小组中每一个成员的职责。

(1) 组长职责:如遇突发事件,要及时了解情况,控制局面,视情况做出妥善决定。

(2) 副组长职责:负责本班幼儿乘车、参观活动过程的安全组织和管理;遇突发事件及时向组长汇报,并进行妥善处理。

(3) 组员职责:协助副组长负责本班幼儿活动过程中的安全护理工作。

二、活动过程中

 妙招:尽心尽责

目的:教师在自己的岗位上尽到所尽的职责,并打起十二分精神预防所有的突发事件。

方法:

(1) 按规定的路线有序组织幼儿排队出发和回园,不能随意更改到达目的地的路线,回园后要及时点名,确保幼儿外出安全。

(2) 如幼儿遇受轻伤,就地及时对症处理;如幼儿受伤严重,班级教师应迅速向应急小组组长汇报,在随行保健医生做好抢救工作的同时,及时拨打"110"、"120",以最快时间将受伤幼儿送往医院。

(3) 如遇交通事故,及时拨打"110"、"120",并稳定幼儿情绪,做好幼儿的疏散工作。

(4) 如果是遭遇暴徒袭击,教师要将幼儿作为第一保护对象,齐心协力对抗暴徒,将幼儿疏散到安全地带保护起来,同时需要立即报警。

(5) 幼儿要始终在教师的视线范围之内活动,不要到偏僻的角落里;如果是室内活动,不要随意去触碰危险点,如电源等。如果是室外、野外,不要乱吃东西或者采摘植物;不攀爬过高的树木、院墙。

(6) 活动结束后,班级教师及时清点本班人数,并将幼儿带回班级;如有家长在门口接孩子,必须清点好人数后才能让家长将孩子接走。

三、实践活动后

妙招一：总结经验与教训

目的:通过经验总结,提升今后社会实践活动的安全工作质量。

方法:

活动结束后,园长应分层对本次活动进行总结。回顾本次社会实践活动的所有工作,包括前期的准备及活动过程中的情况,总结活动的优点及问题,针对优点继续发扬,针对问题加以改进,尤其是安全问题。

妙招二：幼儿园日常安全教育和家长工作

目的:让家长成为社会实践活动的安全助手。

方法:

其实各种不稳定因素存在于教育工作、校园管理的角角落落,教育工作者能做的就是尽量去排除安全隐患,不让事故发生。除了一些技术上的保障外,还要从一些"软文化"上进行维护。我们可以从以下几方面入手:

(1) 平时多对家长进行安全教育,让家长成为幼儿园教育工作的好助手。发动家长在生活中多注意培养孩子的安全行为与能力,如利用家长会、家长讲座等形式进行培训。这样,既可以增进家园感情,也能获得家长的理解与支持。

(2) 利用家长委员会的力量,让家长来参与、组织社会实践活动。这样可以在发生安全事故时,得到家长的声援与支持,不至于让幼儿园过于被动、孤立。

(3) 一旦发生安全事故,幼儿园一定要积极进行善后处理,不隐瞒、不推脱。幼园要保持正面处理的形象,态度诚恳,以平稳完成善后工作,避免造成不好的社会舆论影响。

幼儿园组织集体外出的相关法律文件

一、幼儿园在组织幼儿外出旅游时应当承担的责任

根据《中华人民共和国未成年人保护法》第二十二条规定:"学校、幼儿园安排未成年人参加集会、文化娱乐、社会实践等集体活动,应当有利于未成年人的健康成长,防止发生人身安全事故。"

《最高人民法院关于审理人身损害赔偿案件适用法律若干问题的解释》第七条规定:"对未成年人依法负有教育、管理、保护义务的学校、幼儿园或者其他教育机构,未尽职责范围内的相关义务致使未成年人遭受人身损害,或者未成年人致他人人身损害的,应当承担与其过错相应的赔偿责任。"

根据教育部制定的《学生伤害事故处理办法》第九条的规定,学校组织学生参加教育教学活动或校外活动,因未对学生进行相应的安全教育,并未在可预见的范围内采取必要的安全措施,而造成学生伤害事故的,学校应当依法承担相应的责任。

从上述规定可以看出,幼儿园等教育机构在组织幼儿参加校外活动时,对幼儿仍然负有管理和保护的义务。教育机构与他人签订合同,将校外活动交由他人具体承办,并约定在活动期间由他人负责对幼儿管理、保护的,并不导致校外活动性质的变化,亦不因此减轻或免除教育机构管理、保护学生的法定义务。教育机构在校外活动中未尽法定义务,造成幼儿伤害的,应当承担相应的法律责任。

二、何谓"幼儿园事故"

幼儿园事故是指入园儿童在幼儿园期间和幼儿园组织幼儿进行离园集体活动而处于幼儿园管理范围内时,所发生的人身伤害事故。一旦发生了幼儿伤害事故,则要依据《学生伤害事故处理办法》的规定,对幼儿园、幼儿和其他有关主体的责任进行认定与事故处理。

三、幼儿园因意外因素而不负法律责任的情况

《学生伤害事故处理办法》第十二条规定了6种意外因素造成的学生伤害事

故,学校已履行了相应职责,行为并无不当的,学校无法律责任。

（1）地震、雷击、台风、洪水等不可抗的自然因素造成的。

（2）来自学校外部的突发性、偶发性侵害造成的。

（3）学生有特异体质、特定疾病或者异常心理状态,学校不知道或者难于知道的。

（4）学生自杀、自伤的。

（5）在对抗性或者具有风险性的体育竞赛活动中发生意外伤害的。

（6）其他意外因素造成的。

上述情况也适用于幼儿园。

四、幼儿园因未依法履行职责而应当承担相应责任的情况

《学生伤害事故处理办法》第九条规定了 12 种造成学生伤害事故由学校（幼儿园）承担相应责任的情况。与社会实践活动相关的几条为：

第三条,学校向学生提供的药品、食品、饮用水等不符合国家或者行业的有关标准、要求的。

第四条,学校组织学生参加教育教学活动或者校外活动,未对学生进行相应的安全教育,并未在可预见的范围内采取必要的安全措施的。

第六条,学校违反有关规定,组织或者安排未成年学生从事不宜未成年人参加的劳动、体育运动或者其他活动的。

第七条,学生有特异体质或者特定疾病,不宜参加某种教育教学活动,学校知道或者应当知道,但未予以必要的注意的。

第十条,学校教师或者其他工作人员在负有组织、管理未成年学生的职责期间,发现学生行为具有危险性,但未进行必要的管理、告诫或者制止的。

第十一条,对未成年学生擅自离校等与学生人身安全直接相关的信息,学校发现或者知道,但未及时告知未成年学生的监护人,导致未成年学生因脱离监护人的保护而发生伤害的。

五、处理幼儿园安全事故可遵循的原则

根据我国《民法通则》第 106 条、第 132 条,处理幼儿园安全事故可遵循以下原则：

（1）过错责任原则是指行为人仅在有过错的情况下承担民事责任,没有过错就不承担民事责任。它是我国民法确定民法责任的一般原则。

（2）无过错责任原则是指没有过错造成他人损害的，与造成损害有关的人也应承担民事责任。

（3）公平原则是指根据法律不能适用"无过错原则"，而适用"过错责任原则"又会使受害人遭受的重大损害得不到赔偿，在显然有失公平的情况下，法院即可根据双方当事人的实际情况，按"公平合理承担"的原则判定，由双方分担损失的一种责任。

第四章 离园中的安全及应对策略

离园是幼儿园一日活动中的最后一个环节,幼儿安全、快乐地离园就是为一天画上最完整的句号。离园可详细划分为离园前的准备活动、家园交接、清场三部分,合称离园"三部曲"。

第一节 离园前的准备活动

离园前的准备活动是离园环节的组成部分之一,但往往最容易被忽视。幼儿经过一天的集体游戏、学习、生活后,在离园时,想尽力寻找一个放松自我的机会,因此,幼儿情绪比较兴奋,容易无目的地乱跑。

离园准备活动包括幼儿盥洗、幼儿如厕、稳定幼儿情绪、准备幼儿物品等。做好充分的离园准备,有助于幼儿安全、愉快地离园,保证离园环节的顺利进行,减免安全事故的出现。

安全清单

序号	活动场地/设施/行为	危险源	可能导致的事故
1	幼儿情绪激动	嬉戏打闹	摔伤、碰伤
2	盥洗区拥挤	碰撞	

妙招锦囊

一、防情绪过激

妙招:边玩游戏边等待

目的:帮助幼儿稳定情绪。

方法:

教师可以带幼儿做一些较安静且运动量小的游戏或唱儿歌,形式可以是集体,也可以是个人。另外,还可以将教室里离门口近的地方设置成空间较大的建构区,方便幼儿在饭前饭后及离园前等待时进行活动。下面介绍几种离园等待游戏。

游戏一：木头人。

游戏口令：我们都是木头人，不能说，不能笑，不能动，也不能叫，我们都是木头人，看谁做得最最好！

游戏规则：(1)一起叫口令："我们都是木头人……"(2)口令完毕，大家立即保持静止状态，无论当下是什么姿势，都必须保持不动。(3)如果有一人忍不住先说话、笑，或动，则表示这个人游戏失败。其他人可以轻轻打他的手心作为惩罚，并且叫口令："你为什么欺负我们木头人，木头人不说话！"

游戏二："最"字分享活动。

围绕一个话题进行分享。例如：围绕"最"字展开话题，即让每名幼儿说出关于最字的事情，如：最开心的事情、最喜欢的玩具、最喜欢的季节、最喜欢的食物等。

游戏三：唱儿歌。

组织幼儿念安全主题的儿歌，唱已学会的歌曲，形式可以是集体、分组或个人。例如：

防拐儿歌

你拍一，我拍一，出门穿件大红衣。

你拍二，我拍二，不吃生人羊肉串儿。

你拍三，我拍三，妈妈电话记心间。

你拍四，我拍四，问我叫啥没名字。

你拍五，我拍五，拔腿就跑小老虎。

你拍六，我拍六，找到警察会求救。

你拍七，我拍七，人多拥挤咱不去。

你拍八，我拍八，自己做个身份卡。

你拍九，我拍九，生人叫我我不走。

你拍十，我拍十，回家的路我认识。

小朋友快乐平安。

游戏四：请你跟我这样做。

教师：请你这样跟我做(教师做一个动作，如拍拍手、跺跺脚等)。

幼儿：我就跟你这样做(拍拍手、跺跺脚等)。

二、防拥挤

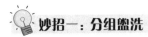 **妙招一：分组盥洗**

目的：使幼儿有序地进入盥洗室。

方法：

保育老师组织幼儿分批排队进行盥洗,让每次进盥洗室的幼儿不超过水龙头的数量。

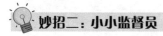

妙招二:小小监督员

目的:提高幼儿有序盥洗的自觉性。

方法:

让幼儿轮流当小小监督员,提醒其他幼儿有序排队进入盥洗室。

安全教育资源

离园前可以安排的活动

一、绘本阅读

幼儿可在阅读区选择自己喜爱的绘本进行阅读,安静地等待家长来接。

二、折纸活动

教师分发折纸给幼儿,可由教师先教给幼儿折纸的方法,让幼儿尝试操作;也可让幼儿根据自己已有的经验进行折纸活动。

三、游戏活动

教师可让幼儿自主选择区角游戏,也可组织开展规则游戏,做到既能吸引幼儿积极参与,又不会被轻易打断。每日的游戏内容尽量不要重复,可多种游戏交替进行。例如:

(1)一起打节拍。

游戏方法:

① 幼儿轮流说出动物园里的动物名称。

② 幼儿一边说动物名称,一边模仿动物的动作。

③ 幼儿不能说别人已说过的动物名称。

教师指导:

① 学习打节拍。第一拍拍手,第二拍拍腿,反复、连贯地拍出节拍。

② 大家一边拍节奏。师问"动物园里有什么?"幼儿站起来回答"动物园里有猴子",并模仿猴子的动作。其他幼儿依次接着边说边做动作。在整个游戏中,幼

儿都要一起打节拍。

③ 如果有幼儿重复了前面幼儿说过的动物名称,则游戏结束。该幼儿要为大家表演一个节目,之后游戏重新开始。

延伸:

幼儿熟悉游戏规则后,可以增加游戏的趣味性和难度,如:加快打节拍的速度,让幼儿说和做动作的速度也相应加快,训练幼儿反应的灵敏性和口齿的伶俐性;可以变换游戏主题,如开心果园(说出水果的名称)、开心游乐园(说出游乐园里的游乐设施名称)、汽车王国(说出汽车的品牌)。

(2) 手指游戏:大树上面有个洞。教师可以根据以下儿歌创编手指游戏。

大树上面有个洞,住着五只毛毛虫,

大虫出去看一看,二虫出去招招手,

三虫出去弯弯腰,四虫出去扭一扭,

只有小虫胆子小,就是不敢爬出洞!

小虫小虫你别怕,我们一起爬出洞。

四、个别教育和指导

平时,幼儿大都是在集体活动中学习的,个别教育工作往往难以落到实处。教师可以利用离园前这段时间,找个别幼儿谈心,进行指导与教育。这样既不会耽误大多数幼儿的时间,也保护了个别幼儿的自尊心,通过个别教育和指导,使全体幼儿都能获得全面发展。

在离园剩下的幼儿不多时,教师可以坐下来和他们聊聊天,与他们近距离接触。这样,一方面可以使幼儿和教师有单独接触的机会,有助于教师更好地了解幼儿的想法;另一方面,又可以拉近教师与幼儿的距离,有助于良好师幼互动的建立。

第二节　家园交接

一到离园时间,家长们都奔向幼儿班级门口,此时班级门口人多、场面混乱,而教师需要在门口与来接幼儿的家长做交接,使得在教室内照看幼儿的教师减少,因此,该环节也是安全问题的集中点,需要教师多留意,做好防护。

安全清单

序号	活动场地/设施/行为	危险源	可能导致的事故
1	孩子自己跑出来	无人照看	走失
2	陌生人	接错、冒领	丢失
3	离异父母接孩子	另一方不知情	发生家园纠纷
4	幼儿情绪不稳定	碰撞	摔伤

妙招锦囊

一、防幼儿偷跑出去

 妙招一:完美搭配

目的:让幼儿在教师的视线中被家长接走。

方法:

班级每位教师要有分工,例如:

主班教师——站在门口接待家长,提醒家长自觉在班级门口排队。

配班教师——在家长来接之前组织幼儿活动;在家长接幼儿的过程中,将幼儿的注意力集中在游戏中。当家长来接时,念到名字的幼儿离开座位去找家长,提醒幼儿离开教室时要慢慢走,不要奔跑。

 妙招二:约定

目标:预防幼儿偷偷跑出教室。

方法:

和幼儿约定在离开教室时,必须同教师说再见。教师同意后,方可离开。

 妙招三:把好最后一关

目的:加强防卫,防止幼儿走失。

方法：

幼儿园的门卫师傅要提高警惕,在园门口站位,发现有幼儿独自离开幼儿园时,要立刻阻止,并联系其班级的教师。

二、防接错

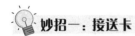 **妙招一：接送卡**

目的：预防幼儿被接错。

方法：

家长凭接送卡来接幼儿。离园时,必须由固定接送人持卡接送幼儿。卡上标明班级代码和幼儿编号,不出现幼儿的姓名和照片,以防被冒领。家长来接幼儿时必须携带接送卡,如有丢失要到园登记,并告诉幼儿班级的教师。

【案例回放】

一天下午离园时,灵灵家的保姆像往常一样,凭借接送卡将他接走。但是,他们走后没有多久,灵灵的父母也来接孩子了。很明显,他们并不知道保姆接走了孩子。灵灵父母告诉老师,因为他们发现保姆有盗窃行为,当天早晨已经将其辞退。

因为担心孩子可能会被保姆骗走,灵灵家长立刻向公安部门报案。由于一直没能找到灵灵,家长便向幼儿园提出了要求：他们认为是因幼儿园制度不完善、老师失职导致孩子被拐走的,幼儿园要对此事负责;灵灵父母打算辞掉工作出去找孩子,认为幼儿园应该负担他们在此期间的全部生活费、交通费。

可是幼儿园认为,园方已经严格执行了幼儿接送制度,灵灵是由于家长没有将已经终止委托保姆接送孩子的情况及时通知幼儿园造成的,责任在灵灵的家长,幼儿园不应承担法律责任。[①]

【案例分析】

在这起事件中,如果幼儿园没有建立完善的接送幼儿的制度,或制定了而不执行,或执行时出现偏差漏洞,或是陌生人持卡来接幼儿,而教师没有及时与家长确认其身份,从而导致幼儿被拐骗,这时幼儿园就要承担责任。但此案例的情

---

① 周天枢主编：《幼儿园 100 个法律问题》,新世纪出版社 2010 年版。

况是幼儿园已建立和执行了严格的接送制度,为每位幼儿的家长提供带有孩子照片的接送卡,由家长或家长确认的委托人凭卡接送幼儿。一年多来,灵灵家的保姆一直受家长的委托凭卡接送灵灵。当情况发生变化时,家长并没有及时告知幼儿园——他们已经终止对保姆的委托,也没有及时收回接送卡,导致保姆有可乘之机。所以,在这起事件中,幼儿园没有过错,不应对此事承担法律责任。

【案例启示】

(1)幼儿园必须建立完善的接送制度,明确家长、园方各自的责任,并形成协议。在幼儿家长首次领取接送卡时,教师应将协议交于家长,并签名确认。

(2)教师必须明确协议要求,严格执行,并对幼儿每天的接送情况进行记录。如发现异常,及时与家长联系。

(3)家长应遵守幼儿园的接送制度,在接送幼儿的过程中,如遇情况变化,一定要主动、及时通知园方,以免发生意外。

 妙招二:短信告知

目的:确认委托人的身份。

方法:

当家长有事不能按时来接,或委托他人代为接送幼儿时,教师可以要求幼儿的父母提前给教师发短信,如:×××家长因××××事情委托×××来接我的孩子×××。同时,教师可要求家长将接送人的身份证信息拍照发给自己。教师一定要保存好短信记录,并在接送幼儿时确认接送人的有效证件(身份证复印件)或图片。

 妙招三:委托书

目的:预防发生家园纠纷。

方法:

(1)凡委托他人代接幼儿的家长,必须事先到本班教师处填写"委托书"。

(2)接幼儿时,受托人必须在"委托书"上签字后,教师方可将孩子交给委托人。

(3)"委托书"由幼儿园保存。

附:

委托书
_____小朋友的家长_____委托_____在_____时间接_____小朋友。孩子被接后,受托人_____对孩子的安全全权负责。 　　　　　　　　　　　　　　　　　　委托人签名_____ 　　　　　　　　　　　　　　　　　　受托人签名_____ 　　　　　　　　　　　　　　　填表时间:　年　月　日 家长在填委托时间时,应根据自己的情况,既可填某日,也可填某段时间。

妙招四:有趣的印章

目标:让幼儿确认来接者的身份。

方法:

幼儿园可设计幼儿接送表格,让家长在签名处签字。同时告知幼儿,在确认来接者身份后,方可在幼儿签名处签上自己的名字。如果幼儿不会写自己的名字,可以用特殊符号,如画个苹果、一朵小花代替。

幼儿园家长接送幼儿登记表

年/月/日	来园接幼儿时间	被接幼儿姓名	家长签名	幼儿签名

妙招五：请输入密码

目的：提高接幼儿的安全系数。

方法：

如果家长有急事拜托其他人代接幼儿，应做到以下几点。

(1) 必须事先和幼儿园沟通，指定一个密码，由幼儿园记录下来。

(2) 他人来接幼儿时，既要对上密码，还要出示本人有效身份证件。

(3) 幼儿园详细登记来接者的信息，确保幼儿不被冒领。

三、防家庭纠纷转化为家园纠纷

妙招：与监护人达成一致

目标：预防家庭纠纷转化为家园纠纷。

方法：

对于离异家庭的幼儿，在非监护人来接时应及时打电话联系监护的一方，待监护人一方同意后，再允许非监护人接走幼儿，以防发生不必要的家园纠纷。

四、防情绪不稳

这一问题的处理方法与第一节中的"防情绪过激"一致，这里不再赘述。

安全教育资源

防拐锦囊[1]

在拐骗事件中，幼儿往往是最直接的受害者，也是最应该学会自我保护的人。可能很多家长认为幼儿年龄小，什么也不懂。其实不然，即使是两三岁的幼儿，虽然理解能力、语言能力、记忆能力有限，但是也可以接受一些基本的防骗教育，例如，教孩子拒绝陌生人的糖果、礼物和搂抱，不跟陌生人走等。平时，成人可以通过讲故事、图片说明、戏剧表演、角色扮演等方式和幼儿讨论，让幼儿学会思考，提高判断能力。

一、教幼儿不和陌生人说话

幼儿思想单纯，对任何人都没有戒备心，拐骗者往往就是利用他们这种特点

---

① 资料来源：http://edu.pcbaby.com.cn/brain/action/1204/1102365_all.html。

和幼儿套近乎,以达到自己的目的。成人在平时要告诉幼儿,不要和陌生人说话,不要轻信不熟悉的人。

二、通过防骗的小故事教育幼儿

成人可以找一些关于防拐骗的小故事讲给幼儿听,利用幼儿喜欢听故事的特性,让其了解一些防拐骗的小常识。例如:

上当受骗的小白兔①

有一天,小白兔在家外面玩,山羊老爷爷走了过来,他和蔼地问小白兔说:"小白兔,我和你玩怎么样?"

小白兔说:"好啊好啊,我正愁没人跟我玩呢。"山羊老爷爷笑了笑,就和小白兔玩开了。

过了一会儿,山羊老爷爷掏出一块糖塞嘴里,边吃边说:"好甜啊,我从来没吃过这么甜的糖!"小白兔馋得直流口水,眼巴巴地看着山羊老爷爷。

"你是不是也想吃? 我这还有一块,给你吃吧!"山羊老爷爷又从口袋里掏出一块糖,递给了小白兔。"谢谢爷爷!"小白兔接过糖,迫不及待地吃了起来。

过了没多大一会儿,小白兔觉得头晕晕的,想睡觉,就趴在草地上睡着了。等他醒来的时候,发现自己被人绑住了,就大喊:"这什么地方啊,我要妈妈,妈妈!"

这时,一只大灰狼走了过来,恶狠狠地笑着说:"别喊了,这里是我家,你妈妈听不到的,我一会儿就把你吃了!""大,大灰狼……我,我怎么会在你家里?"小白兔吓得说话都结结巴巴了。

"傻瓜,当然是我把你带来的呀! 你还记不记得那只给你糖吃的山羊老爷爷? 哈哈,他是我伪装的,我在你吃的糖里放了毒药,你一睡着我就把你带来了!"大灰狼大笑着说道。

小白兔呆了一下,才想起山羊老爷爷给糖吃的事情,非常后悔,可是已经晚了,大灰狼说完就扑了上去,一口把他给吃掉了。

通过以上故事可以让幼儿了解到:不能随便吃陌生人给的东西,里面可能有毒药,会被骗。

三、教幼儿不接受陌生人的礼物

拐骗者往往都是利用一些小诱惑来吸引幼儿,以达到拐骗的目的。所以,成

---

① 资料来源:https://zhidao.baidu.com/question/393998975188507165.html。

人要教育孩子,拒绝接受陌生人的物品,学会抵制诱惑。即使是曾经见过的人,也不要轻信。

四、教幼儿记住家人的电话

在幼儿长到一定年龄时,成人可以让幼儿记住爸爸妈妈的电话号码、家里的电话号码以及可以信赖的亲友的电话号码,也要教幼儿在遇到紧急情况时拨打110,学会自救和寻求帮助。

五、教幼儿学会辨别好人和坏人

幼儿对于好人、坏人的理解,大多来自故事或电视,他们往往认为"坏人"的形象都是贼眉鼠眼、长相凶恶的,这很容易导致幼儿产生思维定势,造成判断力上的误区。因此,成人要引导幼儿打破固有的思维模式,帮助其全面地理解坏人的含义,告诉幼儿现实中的"坏人"并非模式化的。

六、让幼儿进行反拐骗练习

在平时,成人要尽量通过游戏和情景模拟来对幼儿进行教育。由于幼儿的年龄特性,一些简单的说教不会令他们产生印象,所以成人可以结合身边的事例来对其进行教导,也可以在日常生活中进行游戏和模拟训练,增强幼儿的自我防范意识。

另外,现在许多的年轻父母由于工作繁忙,都把幼儿交给老人来带,这也为拐骗者提供了可乘之机。其实,老人带幼儿如何防拐骗,也有方法可循。第一,如果老人刚来带幼儿,不熟悉环境,幼儿的父母可以先带老人熟悉周围的环境,告诉他们哪些地方可能不安全,尽量少带幼儿去。第二,给老人准备手机等通信工具,同时给他们的手机预存家庭电话和报警电话,并教会他们用电话报警,一旦出事就能及时报警或者及时通知自己。第三,让老人不要单独带幼儿到偏僻的地方,以防被坏人强抢幼儿。第四,提醒老人在日常与他人的交往中提高警惕,不要轻信他人的花言巧语,更不要轻易把幼儿交给他人来抱或短时看管。

第三节 清场

父母接到幼儿后,有时会带幼儿在园内逗留一段时间,这段时间也是有安全隐患的,如幼儿玩耍时,由于家长疏忽导致幼儿受伤、走失等情况。在这段时间,幼儿处于父母的监护下,幼儿的安全本应由父母负责,但由于幼儿的活动场地依然在园所,因此,这看似平常的短暂逗留,包含了许多安全责任的划分问题。幼儿园为了完满结束一日活动,要及时进行清场,以免出现不必要的安全责任纠纷。

安全清单

序号	活动场地/设施/行为	危险源	可能导致的事故
1	在园中逗留,玩器械	家长掉以轻心	摔伤
2	家长聚堆聊天	疏忽照看	走失、摔伤

妙招锦囊

防幼儿在幼儿园中逗留和家长聚堆聊天

 妙招一:封闭大型玩具

目标:防止幼儿出现意外。

方法:

幼儿园可以在家长来接幼儿之前,封闭游戏场地以及大型器械,要求家长接到幼儿后直接离园,减少在园内逗留的时间。

 妙招二:约定的音乐

目的:催促幼儿及家长自觉离园。

方法:

(1) 幼儿园要提前设定好离园音乐,按时播放,幼儿听到音乐后可以自觉、主动地拉着家长离园。

(2) 可以邀请热心的家长和幼儿作为离园督查者,帮助家长与幼儿尽快离园。

(3) 告知家长和幼儿,离园音乐响起后要及时离园,并请家长照看好自己的孩子,以免其在混乱中走失。

（4）幼儿园门口的值班领导应加强监督,如发生紧急情况能及时处理。

【案例回放】

在幼儿园放学时间,很多家长接到幼儿后并没有马上离开幼儿园,而是带着幼儿在大型玩具区域玩耍,家长们则站在一边和熟人聊天。忽然,球球大声地哭了起来,球球妈妈立刻跑了过去,原来是球球想玩琳琳的玩具手表,琳琳不愿意,推了球球一把,导致球球从小滑梯上摔了下来。球球妈妈非常生气,拉着琳琳大声吵了起来。这时,琳琳妈妈也闻声过来,看到球球妈妈在训斥自己的孩子,也特别气愤,说这是两个孩子的问题,作为大人不应该不问原因就说别人的孩子。两个家长越吵越凶,一直闹到了园领导那里,经过幼儿园领导的协商,才各自回家。

【案例分析】

该事件是由于放学后家长带幼儿在园内逗留、玩耍而发生的。在这个时间段内,幼儿家长只顾自己闲聊,当幼儿之间发生矛盾时未能及时制止、处理,以致幼儿矛盾升级,导致安全事故的发生。虽然事件是在放学后发生的,而且是幼儿及家长之间的矛盾,但由于是在幼儿园内发生的,因此,幼儿园也陷入矛盾纠纷中。

【案例启示】

（1）召开家长会,要求家长接到幼儿后要及时离开幼儿园,不要长时间在幼儿园逗留。

（2）幼儿园有固定的离园音乐,要求幼儿和家长听到离园音乐响起后快速离开幼儿园。

（3）邀请部分热心家长和幼儿担任义务督导员,可起到事半功倍的效果。

说理篇

SHUO LI PIAN

第五章 处理家园关系,排除安全隐患

家庭是幼儿园重要的合作伙伴,幼儿的茁壮成长和全面发展,也是教师和家长的共同愿望。因此,在教育幼儿的过程中,家园合作是非常重要的。但是,由于教师和家长之间在教育观念、思考角度上的不同,矛盾难免发生,因此,家园共育的关键在"沟通"二字。对于家长工作来说,赢得一位家长就等于赢得一百位家长,放弃一位家长就等于放弃一百位家长。如今,家园沟通工作是新时期幼儿园教育的重要工作之一。教师只有充分运用好家长这个教育资源,才能保证幼儿的安全,促进幼儿的全面发展。

第一节 善用专业: 加强家园之间的密切合作

安全工作是幼儿园一切工作的前提,我们尽管想努力做到万无一失,但是难免有或大或小的安全事故发生。幼儿园一旦发生安全问题,一方面要关注幼儿的健康和生命,另一方面还要应对来自幼儿家长的质疑、抱怨甚至无理取闹。这就需要教师具有化解家园矛盾的能力。这种能力的核心既不是靠教师优雅漂亮的形象,也不是靠一味地道歉和讨好,靠的主要是教师不卑不亢的人格魅力和自身强大的专业素养。

安全清单

序号	安全隐患表现	危险源	可能的后果	建议
1	质问、指责、抱怨	无知、误解	家园冲突、教师情绪	教师保持冷静;用专业赢得家长认同
2	不正确养育	无知、缺乏科学育儿知识	孩子健康受影响	教给家长科学育儿知识
3	干扰教师正常工作	对教师不信任	影响正常教学	用专业改变、引领家长,加强合作

一、用专业赢得家长尊重

幼儿园教师与家长因为幼儿的缘故建立了一种特殊的关系,这种关系的维系既坚固也脆弱。家长对教师的仰慕和尊重来自于对教师专业知识的认同，来自于对教师能用专业的视角解读幼儿的认同，来自于对教师能用专业知识帮助幼儿及自我成长的认同。教师的专业素养是稳固家园密切合作的基石。

（一）用专业知识赢得家长认同

教师专业技能的体现与来源：一是教师对幼儿实施教育的科学方法与技巧；二是教师纠正幼儿不良行为的科学方法。

以下的案例，便是教师用自己的专业性赢得了家长的理解和尊重。

【案例】

苹果老师为了给幼儿锻炼的机会，为每个幼儿安排了不同的"工作"，有的做关灯小班长，有的做浇花小班长，有的是关门小班长……豆豆被安排为摆鞋子小班长。一天，豆妈气势汹汹地来找苹果老师，一见面就质问道：为什么给我家豆豆安排这么一个"摆臭鞋子"的工作？让苹果老师必须讲出理由，并立即调换一个好工作。

【解决方案】

面对豆妈的质问，苹果老师先耐心地等她发泄了心中的埋怨后，再一一为她列举"摆鞋子"工作的几大好处：①摆鞋子里有教育，可以让幼儿学会左右配对，这是数学学习；②把鞋子摆成整齐的一排很美观，这是艺术教育；③培养幼儿整理鞋子的习惯，这是生活习惯方面的教育；④培养幼儿帮助他人的品质，这是社会性教育；⑤为了摆鞋子，幼儿要走来走去，这是健康教育。等苹果老师一一列举给豆妈听后，豆妈无话可说，不仅不再抱怨生气，反而感谢苹果老师对豆豆的用心教育，最后皆大欢喜。

另外，这个案例也给我们带来一些启示。苹果老师用自己的专业性赢得了豆妈对她的理解和尊重，看上去似乎与幼儿安全教育无关，实则里面隐含着安全教育。我们试想，如果苹果老师不具有这样的教育智慧和专业知识，她在豆妈面前只有两种回应：一种是迎合豆妈要求，向豆妈道歉并且承诺给豆豆换"工作"，这样反而会给豆妈留下不好的印象，强化豆妈对苹果老师的偏见，认为老师的确对豆豆不公；另一种是苹果老师不给豆豆换工作，却讲不出专业的道理，这样仍然会给豆妈留下不良印象。苹果老师可能会因为豆妈的不理解而心生怨气，将情绪发泄在豆豆身上。无论哪种结果,豆妈与苹果老师心里都已经有了隔阂,这种隔阂将成为一种危机存在于家园之间,很可能在某个时机一触即发,造成安全事故。

(二) 帮助家长科学育儿

许多家长由于对幼儿的年龄特点和认知特点了解得不全面,有时会采取不当的方式教育自己的孩子。有的家长是一味溺爱,甚至放纵;有的家长则过于严厉,甚至打骂;还有的家长采取冷暴力——漠视等。教师是有一定育儿知识的专业人员,遇到问题应通过各种方式启发、引导家长,让他们了解幼儿的身心特点,如:让家长知道幼儿在语言、秩序、数字等各方面发展的敏感期,以及时更新家长的教育观念,使他们掌握正确的育儿方法。除此之外,教师还应耐心辅导家长,使其懂得如何灵活地运用科学的育儿方式来教育孩子。

【案例】

布丁妈妈是一名专职妈妈,送布丁来幼儿园几乎天天迟到,总是错过园内的集体早餐时间,因此,布丁妈妈经常在外面的早餐摊买些油条、糖糕之类的让孩子吃。每天,布丁在教室门口也会和妈妈腻上好一会儿才肯进教室。

【解决方案】

在目前大力宣传食品安全的大背景下,大部分父母已认识到不良的早餐习惯会给幼儿带来危害,但在实际生活中,还有父母可能会因上班赶时间等原因而依然选择此类早餐。此外,也有一些年轻父母并没有意识到这种不良的早餐习惯会给幼儿带来实质性危害。因此,教师有义务向家长介绍幼儿早餐多样化与集体进餐的益处,并针对实际情况不断向家长提出合理化建议。

(1)建议家长帮助幼儿建立良好的作息习惯,早睡早起,按时来幼儿园。

(2)告诉家长每天早上不能让幼儿吃同一种早点,尤其是油炸食品,因为这不但会对幼儿身体健康不利,还会造成幼儿偏食、厌食等不良习惯。向家长介绍幼儿园早餐的科学搭配及其营养价值,为家长提供一些营养早餐的食谱。

(3)让家长知道每天与其他幼儿一起共进早餐,可加强幼儿的集体意识,增多与同伴交流的机会,对幼儿建立良好的人际关系及其社会性发展有很大好处。

(4)建议家长缩短和幼儿分离的时间,对幼儿提出的"再抱一会吧"、"再陪陪我吧"、"第一个来接我吧"等要求适度满足,这有利于幼儿独立意识的养成。

(5)与家长真诚地交流谈心,指出家长的不当做法,并告知这种不当做法可能造成的后果,以激发家长改变教养方式的内在动力。

当家长从教师这里了解到正确的育儿知识后,便能及时改变自己不当的教育方式。这既拉进了家长与幼儿的距离,也帮助教师赢得了家长的尊重。

二、用专业引导家长观念

作为一名专业的幼儿园教师,不仅要肩负起教育、保育幼儿的职责,还要发挥对家长科学育儿的指导作用,用专业的视角引导家长,避免因与家长观念不同而造成双方的对立、误会或隔阂,达到携手共育幼儿的目的。幼儿园的功能不仅仅在看护、养育幼儿上,更应该承担起"服务家长、教育家长、改变家长、牵手家长、引领家长"的职责。

(一)用专业知识改变家长的育儿观念

幼儿教育具有福利性和公益性的特点,幼儿教师首先要服务好家长,同时还要肩负起指导家长的职责。在公众眼里,幼儿教师会的只是吹拉弹唱跳而已,对于其专业性不是很了解。

要想赢得家长的尊重和信任,教师应靠自己的专业性建立起专业自尊心和自信心,用专业知识改变家长的育儿观念,用专业能力赢得家长的信任。因此,幼儿园不仅要做好服务家长的准备,更要做好教育家长、引领家长的准备。幼儿教师应用自己的教育理念、专业知识和专业技能引领家长,最终加强家园合作,共同促进幼儿的全面发展。

【案例】

　　淼淼入幼儿园前从来没有自己吃过饭,一直是由妈妈或奶奶喂着吃。在新生家访和新生体验时,淼淼妈妈对孩子不会自己吃饭表示出了极大的担忧,反复向教师提出一定要喂淼淼吃饭的要求。每当早上送淼淼来幼儿园的时候,淼淼妈妈会趴在窗户边看孩子吃饭,看到淼淼不动筷子就催促教师喂饭或是直接进到教室喂饭。

【解决方案】

　　生活中像淼淼家长这样的为数不少,他们要么不信任教师,要么对教师提出无理要求。如果教师一味地迎合家长,可能会助长其提出更不合理的要求,或者对教师的做法心生不满。处理不好,就会出现安全隐患,稍有不慎,隐患就会升级。面对这样的家长,教师如何用专业知识引领显得尤为重要。

教师可以这样同家长沟通：

（1）幼儿园阶段是孩子自主发展的关键期,吃饭是个重要的锻炼机会。

（2）教师会保证幼儿的进餐安全,保证孩子吃饱饭,但是需要孩子自己进餐。

（3）希望家长理解并配合幼儿园的工作,并且建议家长在家里也要给予孩子独立进餐的锻炼机会。

（4）家长一定要明白,给孩子独立自主的锻炼机会是对孩子最大的爱。

（二）用交流的艺术赢得家长的信任和尊重

教师要讲究交流的艺术,把话说到家长的心里。当幼儿入园后,其在幼儿园的表现,家长完全是通过和教师的交流获取的。有的家长渴望听到教师对幼儿的表扬和夸赞,有的家长则愿意询问幼儿的不足。面对教师的评价,不同的家长会有不同的态度。因此,教师要把握表扬和批评的度,既不过高赞美,也不过分指责。

注重交流的内容,让家长全面了解幼儿。幼儿有时表现好,有时会犯一点小错误,教师在向家长汇报幼儿的表现时,切不可忽略幼儿的优点,一味地向家长告状,这样往往会适得其反。这样做,家长不仅不愿意接受教师给出的教育建议,而且有可能产生隔阂和敌对心理,达不到家园共育的目的。反之,回避幼儿的问题,一味地在家长面前表扬和赞美幼儿,也是极不可取的。时间久了,当幼儿的问题暴露在家长面前而教师从未指出并给予建议的时候,家长也会对教师有不满情绪。作为教师,应客观告知家长幼儿在园的情况,而不应该掺杂任何主观色彩和情绪。教师应用平和的语气、委婉的态度、一分为二的观点与家长交流。教师可以先向家长介绍一些幼儿的优点,再说幼儿的不足之处或需改进的地方,并能给出一些合理的、切实可行的方法,以帮助幼儿取得进步,这样既解决了问题又便于家长接受。

（三）采取多种方式,架起与家长沟通的桥梁

1. 成立幼儿园、年级、班级三级家长委员会

教师要充分发挥家长委员会的作用,让家长参与到幼儿园和班级的管理中。家长在参与的过程中,能感受教师的专业,体会幼儿园的教育理念,树立正确的育儿观,以家长委员会带动和引领家长的育儿理念。另外,教师也可以通过家长委员会了解家长的真实心声。

2. 开展家长论坛活动

幼儿园里有许多素质较高的家长,他们具有参与幼儿园活动的愿望和能力。教师可以采取"客座教师讲案例"的方式,定期选定一个案例开展论坛活动,即在家长中招募"客座教师",先围绕案例进行讲述,再由其他家长各抒己见,发表看法,教师也要参与其中。论坛活动的开展为教师和家长、家长和家长之间提供了一个经验交流和资源共享的平台和机会。通过论坛活动,教师可以从家长所拥有的专业知识、生活经验中获得帮助,而家长也可以从教师身上获取教育经验,且能更加了解、尊重教师的工作。

3. 家长自己组织"家长会"

幼儿园要尝试改变家长会以教师说教为主、家长被动接受的局面,可以把家长会让给家长自己来开。以学习《3—6岁儿童学习与发展指南》(以下简称《指南》)为例,让家长来组织家长自己的"家长会"。具体方式如下:

首先,按年龄段选定《指南》中的相关内容,印发给每位家长,让家长先学习。请每位家长根据《指南》精神制定出适宜的班级学期教育目标。然后,把家长指定的班级学期教育目标制成展板,供大家阅读、筛选,最后由家长委员会执笔梳理完成。

其次,列举出幼儿最具代表性的事例,家长分组讨论,写出本组的教育建议。

再次,家长可进行辩论。各组选一位家长代表宣读本组的教育建议,其他组可以提出疑问,双方进行辩论。在激烈的辩论中,家长们能够更新教育观念,并对照事例反思自己的教育行为,产生学习幼儿教育知识和参与幼儿园组织的教育活动的兴趣。

最后,待家长们发言完毕,教师再有的放矢地发表专业性的见解,表明观点,介绍自己的教育经验,这样一来,效果事半功倍。

4. 开辟"家长心声"自留地

在家园栏的形式方面,教师应改变忽略家长参与的局面,可灵活设计栏目,把家长请到"家长园地"中来。例如:"夸宝宝"栏目可写幼儿在家的表现,"我的育儿心得"可让家长畅所欲言,"我的问题"可写上家长的困惑等。"家长心声"自留地不再是教师唱"独角戏",而是调动家长积极参与。在互动中,教师用专业影响家长,为教师与家长的沟通搭起一座爱心桥。

5. 家园共育袋

幼儿园为每一位幼儿制作一个成长记录袋,每周五下午发给家长,下周一上午再带回幼儿园。成长记录袋中会放幼儿所学的内容及作品,也会放入教师写的幼儿在园情况和需要家长协助的小便条。由于袋里装着孩子们小小的成果,家长们会很乐意在每个周末将袋子带回家,周一再带回幼儿园。另外,家长对教师的工作有何意见、要求都可写下来装入袋中,这有助于家园之间的有效沟通。成长记录袋使忙碌的家长能了解幼儿的发展情况,无声的交流让家长看到了教师的专业性和教育用心,这样既拉近了彼此心的距离,又促进了彼此教育能力的提高。

6. 一对一指导

由于每个孩子个性的不同,家庭环境的不同,家长文化素质的不同,教师与家长的沟通就需要因人而异。一对一的指导方式有家访、约谈、家园联系册、电话、便条、网上交谈以及接送孩子时的交谈等。一对一的指导要着重针对每个幼儿的问题和家长在教育上的问题来进行,要主动、专业、长效,要与家长建立相互信任、相互尊重、相互支持的伙伴关系与亲密感情。在与家长的沟通中,教师的教育思想、育儿之道、知识技能等对家长都有一定程度的影响,同时自己也能得到相应的提高。

三、用专业促进家长合作

幼儿的健康成长不能只靠幼儿园,家长的支持也非常重要,家园合作不可或缺。家园合作的意义在于:一方面,教师可运用专业素质影响或支持家长的教育行为,将幼儿教育的精髓延伸到家庭教育之中;另一方面,让家长参与到幼儿园的活动中,不仅可以使其了解自己孩子在集体活动中的表现,还可以从中学到许多育儿的技能技巧,感受科学的教育观念,使幼儿园与家长的教育资源有机地融为一体。家园合作能否成功,能否最大限度地发挥作用,其中一个十分重要的因素,就是教师与家长的有效沟通。教师可以考虑从以下几个方面具体着手。

(一) 与家长沟通要有"五个要领"

1. 朋友心

以朋友之心与家长真诚相待,平等对待每一个家长,不以个人好恶把家长分出等级或远近。与家长沟通、交流、合作要怀朋友之心,但工作之外应保持恰当的距离,不可走得太近,不请吃饭、不索要,不参与家长里短的交流。

2. 同理心

教师要感同身受,换位思考,尽可能地站在家长的立场上感知和体会家长的感受,体会家长的心情和需求。例如,幼儿在集体活动中,手或头碰破了一点点皮,家长接孩子时就会十分心疼,这时,教师不可抱着若无其事的态度,认为家长大惊小怪,不可让家长觉得教师对自己的孩子不够关心,对工作不够负责,从而给家园沟通造成障碍。如果教师能换个角度思考,假设受伤的是自己的孩子,就会很自然地理解家长的心情,处事态度也会大不相同。

3. 平等心

从幼儿教育的角度而言,教师是具有专业知识和技能的教育者,但是家长的知识层面也是不容小觑的,教师与家长的平等对话很重要。教师既不可摆出一副教育权威的架子,或明或暗地对家长进行指点或说教,使家长不愿接近,也不必卑微地一味顺从家长,被家长牵着鼻子走。教师保持谦虚而不卑微的态度,是很容易被家长接纳和喜欢的。

4. 多倾听

倾听体现了一个人的良好素养。当家长向教师反映情况时,教师一定要认真倾听。教师的倾听态度会减轻甚至消除家长的不满情绪。认真地倾听不仅能提升教师的亲和力,还能让教师保持清醒的头脑,睿智地解决家长的诉求,避免许多不愉快的事情的发生。

5. 不告状

作为家长,对孩子的成长十分关心。教师在与家长接触的过程中,不宜总是向家长指出幼儿的缺点、短处,一味地向家长"告状",而应从有利于幼儿发展的角度客观地与家长交换意见,针对幼儿的实际情况,提出科学育儿的建议与办法。教师还应充分发挥表扬的力量,变指责为建议,变批评为鼓励。

(二) 与家长沟通的"四大渠道"

1. 面对面沟通

教师可利用好入园、离园的时间,简明扼要、重点突出地与家长交流幼儿的情况。不泛泛而谈,不夸夸其谈,不家长里短。

2. 家园栏沟通

家园栏应是小板块大格局,小文章大道理。教师要把家园栏布置成家长喜欢的地方,让家长不需要花费太长的时间就能阅读到一些班级热点、日常重点、主题活动等内容,以增进其对幼儿在园学习和生活的了解。

3. 电话常沟通

对于幼儿在幼儿园发生的安全方面的问题,教师要第一时间通过电话告知家长,陈述事实,不隐瞒、不夸大,妥善解决。在业余时间与家长电话交流幼儿的情况时,教师应放轻松,不用刻意控制时间,根据实际情况而定。

4. "E 时代"沟通

QQ、微博、微信、专用 APP 等平台的建立,使信息更为通达,让家园沟通更畅通。

（三）与家长沟通的"三大法宝"

1. 主动迎接

一般来说，家长与教师的见面只有在入园、离园时送接孩子的几分钟。在这几分钟，教师对待幼儿和家长的态度对家长一天的心情都有影响。因此，教师要在早晚接送幼儿时主动拥抱幼儿，积极地向幼儿和家长问好。

2. 主动交流

教师与家长的交流，可以采取以下方式：第一，每两周与所有家长有一次深入的沟通，列出交流计划表。第二，两周写一次交流心得，一个月写一次家长工作总结。

附：

家园交流计划表

幼儿姓名	交流对象	交流时间	沟通方式	交流内容	交流教师	备注

3. 主动学习

教师要主动向家长学习，同时也鼓励家长主动学习。在班上定期开展读书沙龙活动，相互交流学习心得，共同提升育儿经验。当教师和家长的教育理念同步时，育儿过程中遇到的一些误会也就基本消除了。

安全教育资源

专业知识获取的途径

《3—6岁儿童学习与发展指南》是最有效的获取专业知识的捷径。除此之外，教师还可以从以下两方面获取专业知识：

第一，好学乐学，从专业书籍中不断地汲取。了解和掌握幼儿教育的基础知识，了解幼儿教育发展动向和最新研究成果。要树立正确的儿童观、教师观和游戏观。这种视幼儿为独立个体，以幼儿为本的教育观念决定了教师在教育过程中会确立什么样的教育目标、教育内容和教育策略，以及对幼儿采取什么样的态度。

第二，能学会学，在实践中逐步积累。幼儿教师具备幼教的专业知识和技能是必备基础，这些知识和技能的获取相对而言是简单的，难的是如何将这些知识和技能转化成教育行为来应对不同的个体。为此，教师在教育实践中一定要做一个有心人——既要能够用所掌握的专业知识指导教育行为，又要善于用专业知识解读幼儿的行为。同时，教师还要像医生一样能"诊断"、"分析"、"开处方"，成为幼儿教育方面的"临床专家"。遇到幼儿有问题时不急不躁，找准"病因"，开出"药方"，对症下"药"，相信家长对于这些专业的、可行的、有效的"药方"不会排斥。这样可以让家园合作教育的成效十分显著。

第二节　准确表述：避免言行不当造成的误解

语言是一门艺术。教师与家长交谈时，既不能随声附和，也不可添油加醋，应从爱护幼儿、关心幼儿的角度出发，"多报喜、巧报忧"，把批评融入在希望之中。教师用"艺术"的交流方式，可以避免家长许多不必要的误会，增加家长与教师、与幼儿园之间的感情。

安全清单

序号	安全隐患表现	危险源	可能的后果	建议
1	家长对教师发火	孩子哭闹	家园矛盾/教师因不良情绪影响工作	帮助家长认清立场不同的事实；恰当表达
2	家长无理取闹	教师被误解	教师情绪不良	适时求助

一、认清"家园立场不同，但目的相同"的事实

因为幼儿，使得教师和家长有了较为频繁的交流。交流包含说和听两个方

面,当说者所表达的意思与听者所理解的意思不一致时,矛盾便会产生。作为幼儿园教师,要学会规避这种矛盾和误解的发生。

(一) 认清因家园立场不同所带来的矛盾

在家园沟通中,之所以会出现误解或矛盾冲突,很多时候是因为教师与家长在认知上的不同造成的。以事实为依据,化解因认知不同而造成的误会是智慧的做法。

在现实工作中,由于教师与家长对幼儿入园的需求、要求以及动机在认知上的不同,往往会存在三种矛盾。其一,幼儿在幼儿园,家长对教师的要求是服务;教师对家长的要求是配合教学。其二,把幼儿送到幼儿园,家长对幼儿的入园期望是教养,重心是"养";教师认为其责任是教育,重心是"育"。其三,幼儿在幼儿园,家长关注的是幼儿的日常生活;教师关注的是幼儿的全面发展。作为教师,一定要认识到这些矛盾,并通过多种手段和方式与家长尽力达成共识,从而避免误解的产生。

【案例】

为配合教学,教师向家长发出了一个通知:请家长明天早上送幼儿来园时,给幼儿带一个空鸡蛋壳。第二天早上,毛豆的妈妈忘记带了,毛豆在教室门口哭闹,毛豆妈妈大发雷霆地指责教师。

【解决方案】

家长因忘记教师交给的任务导致孩子哭闹,之后迁怒于教师的情况在幼儿园里普遍存在。教师在面对这样的家长时需要智慧和专业,稍有不慎,家园矛盾就会爆发,形成一定的安全隐患。鉴于此,教师应具有专业素养,提前做好工作,以便将安全隐患降到最低。具体的解决方案有:

1. 多备材料

教师要考虑到会有家长因为种种原因而忘记让幼儿带材料,所以自己要事先准备一些。当出现毛豆这种情况时,可以及时拿出来给毛豆,这样毛豆的情绪就会稳定下来了。

2. 活动材料巧收集

首先,请家长帮助准备活动材料时一定要告知用途,并表达谢意,同时还要让家长看到带来的"废旧材料"经过教师的引导,在孩子们的手里变成了可爱的

"动物"、"玩具"或装饰品等。这样,家长就会明白,帮助孩子准备材料是为了自己的孩子,而不是为了教师。

其次,在教室门口备一个材料箱,在家长会上讲清楚它的用途,这样一来,很多材料就可以在日常生活中收集,家长可以随时带一些"废旧材料",将其投放到里面。教师定期分类收藏,教学需要时可随时取用。这样,家长没有任务感,便也不会反感。

最后,要与家长多沟通,让家长了解真实的情况并参加到活动中,如带蛋壳干什么用,教师为幼儿做了哪些准备,父母和幼儿一起准备空蛋壳可以发展幼儿的动手能力、增进亲子交流与亲子感情。还可以请家长到幼儿园参与活动,让家长亲身感受教师对幼儿的关爱和教育,消除担心和不安。

(二) 认清教师的专业性与家长的非专业性之间的矛盾

幼儿在幼儿园中会有许多情绪化的表现,教师和家长对幼儿的情绪化表现的认识角度不同。教师多数会从专业的角度分析幼儿情绪不好的原因,并进行相应的教育。而家长可能只会单一地从负面考虑情绪发生的原因,采用指责教师的方式解决问题。例如,看到幼儿哭,家长就会觉得是幼儿受委屈了、挨批评了、被欺负了等。甚至,有的家长会顺着这个思路去询问幼儿,并责问教师。这时教师要平稳情绪,切不可与家长针锋相对地辩解,要耐心倾听家长的话,然后再心平气和地把幼儿闹情绪的缘由讲给家长听,让家长了解事实、消除误解。

二、恰当表达

交流是说和听的双向互动。幼儿园教师在和家长交流时要注意自己的表达方式,要词能达意。交流双方应当避免说和听产生偏差,以免引起误会,造成矛盾。

(一) 讲究谈话技巧,让家长感受到被尊重

1. 不当众向家长反映幼儿的问题

幼儿年龄小,在幼儿园难免犯错误,有些错误是在下午离园时需要教师向家长反映的,但是这个时段来接幼儿的家长较多,如果此时向某个家长反映问题,可能会将幼儿的个体问题暴露在群体面前。无论教师态度如何温和,用词如何恰当,如果当众向家长反映问题、提出批评,效果都不会好。如果有的家长因此迁怒

于幼儿,不仅不能起到反映问题、解决问题的目的,反而有可能造成双方情绪上的对立。

因此,比较好的做法是单独交流。教师的表述要实事求是,并能帮助家长分析原因,提出一些可行有效的解决方法。这样既维护了家长的面子,又让家长了解到问题发生的原因,同时还获取了解决问题的方法,家长能更乐于接受,并积极配合,避免不必要的矛盾和误会发生。

2. 不颐指气使,用请教式的态度和商榷的口气提出看法

教师在家长面前切不可颐指气使,更不可时时居高临下地指责。如何把来自外部的批评转化成内部的动力呢? 教师不妨试试把责备变成"请教",采取请教式的交流方式。比如:"这个问题我不太清楚,您能讲讲吗? 您能和我谈谈幼儿在家里的情况吗?""幼儿在幼儿园常常说这样的话,不知在家说吗?"教师尽量采取请教、商量的态度,把找出问题的主动权让给家长,耐心地听取家长的意见,使家长产生伙伴般的亲切感。经过交流,因为问题的症结是教师和家长共同找出来的,所以就有了解决问题的一致性,教育的效果就会比较好。

其实,不仅是对家长,对所有人提出批评时,都应采取"请教"的方式。教师在批评幼儿时,不要以教育专家自居,不要用命令式的口吻,一副颐指气使的派头。如果教师只是说过多的术语,会给人以高高在上的感觉,这样既不利于问题的解决,也会失去别人对你应有的敬重和信赖。

3. 就事论事,提建设性的批评意见

当教师向家长说明幼儿在园发生的不良行为时,要把注意力集中在幼儿的具体行为和表现上。教师应具体地描述幼儿"做了什么",就事论事,而非就事论人,做出一些无视幼儿人格价值的指责贬损。因为批评的目的不是对幼儿做出评价,而是希望幼儿获得进步和提高。为此,教师要考虑家长乐意接受什么,向家长反映幼儿的问题重点应该放在哪儿。这两点思考清楚了,教师的思维也就打开了,面对幼儿的问题,思考、分析的广度就有了,并能更好地向家长提出建设性意见。例如:孩子为什么错,我们应该怎样做,为什么要这样做,家长该如何处理其他类似的情况等。

4. 态度平和,减少家长的防卫心理

每个人对于批评指责会自然而然地产生防卫心理,这种防御反应一旦产生,就会对别人的意见采取拒绝的态度。教师的批评要想奏效,就必须保持平和的态度,用恰当的表述消除家长的防卫心理,让家长愿意和你聊聊幼儿出现的问题。比如,在批评之前,教师可以先说"或许是我错了",或者对家长及幼儿充分进行肯

定和表扬,如"……不过,在……方面加以改进的话,就会更上一层楼"。这样,家长往往容易接受教师的批评,并愿意积极配合教师,共同帮助幼儿解决存在的问题。

(二) 要先报喜,后报忧

教师在与家长交流时,要先报喜后报忧,不管是"对中有错"还是"错中有对",幼儿的点滴进步都要先告诉家长,特别是那些平时容易出现问题的幼儿。当教师把他们的点滴进步描述给家长,让家长从你的表述中感受到你的用心、睿智以及对孩子的喜爱和赞许,你的工作就会得到家长的认可和支持。教师不要吝惜对幼儿应有的赞美与期望,"喜"既不要夸大奇谈,也不要简单地理解为是幼儿"应该做的",而应该具体地说出来,再耐心诚恳地指出问题所在。

三、适时求助

教师和家长之间有时会因为对某一事情的看法不同而产生冲突,有时会因为教育观念不同而产生冲突,有时也会因为对幼儿的行为评价不同而产生矛盾。有些矛盾和冲突,教师和家长之间比较容易化解,有些则不然,当教师遇到难以化解的矛盾冲突时,适时求助就显得尤为重要。

(一) 求助园长

园长作为一园之长,从威望和地位上都能令家长和教师信服。因此,当教师和家长因为某件事情争执不下时,可及时求助园长,问题也许能比较容易解决。

【案例】

小悠的妈妈常常是最后一个来幼儿园接孩子的,当班教师一直陪着小悠等妈妈,可小悠妈妈来了从不说声谢谢。时间一长,教师忍不住对家长说:"你们偶尔有事不能及时赶来接孩子可以打个招呼,可不能经常这样……"家长一听,可不乐意了:"我交了那么多钱,晚来是应该的……"双方你一言我一语,发生了争吵,教师求助了园长。园长在了解清楚事情的原委后进行了恰当的处理。

【解决方案】

按时接幼儿离园本是家长应该做到的,但现实生活中,家长晚接幼儿的情况比较常见,有的家长还理直气壮。在这种情况下,教师不能有任何怨言,必须心甘情愿等家长随时来接幼儿。由于教师在8小时之外的工作已经是额外加班,非常疲惫,然而家长不但没有心存感激,反而指责教师,使得教师倍感委屈,家园关系危机可能一触即发。因此,教师要时刻提醒自己,理性地解决问题,用专业

赢得家长的尊重。建议园方一定要站在教师立场，为教师赢得在家长心目中的威信。本案例中，园长用智慧有效化解了矛盾冲突。具体可以尝试的方法有：

（1）园长就事论事，解决当下之事，不追究过往，也不扯远话题，从倾听中进行筛选、分析和判断，找出双方的不足和矛盾冲突的根由。

（2）跟家长说明情况。首先，拿出相关文件，让家长了解幼儿在园的时间是8个小时，家长经常来接的时间已经远远超出了规定时间，家长所交的费用并没有包括这部分。其次，在表示理解家长的同时也要告知家长，偶尔晚接幼儿，教师可以等待，但如果是经常晚接，就要自己想办法解决。最后，再告诉家长，无论多晚来接幼儿，教师都是耐心陪着幼儿的。但是教师也有自己的困难，如：路远、孩子小、晚下班无法去接自己的孩子、错过做晚饭的时间等。

（3）与教师交流，问明原因后，园长先指出教师的不足，如：语气、用词、态度等方面的问题，再引导教师就自己的不足主动向家长道歉，同时也引导家长就态度问题向教师道歉，双方握手言和。事后，园长可以分别找教师和家长谈话，帮助双方彻底解开心结。

（二）求助同事

俗话说"三个臭皮匠赛过一个诸葛亮"，遇到问题自己不知道该如何解决的时候，可以敞开心扉，把问题带到同事那里，求助同事共同想办法解决问题。

【案例】

小王老师给孩子们讲匹诺曹的故事，让孩子们做个诚实的好孩子。可是过了几天，班上丁丁的妈妈气呼呼地找到老师，说带丁丁去朋友家做客，吃饭时朋友问饭菜好不好吃，丁丁很认真地回答："太咸了，不好吃。"朋友和丁丁的父母当时一脸尴尬。回家的路上，妈妈质问丁丁为什么那么说，丁丁说："王老师说了，说谎鼻子会变长。"小王老师很是委屈，觉得自己的教育没有问题，为什么还要受到家长的质问和指责。

【解决方案】

面对家长的质问，教师显得很委屈，觉得自己的做法没错。如果家长不能理解，此时教师该如何冷静、理性、专业性地回应是对自身的挑战。教师可以将此案例作为典型，和其他教师分享交流，找到更为合适的沟通方式。具体的建议有：

（1）分析家长的心理：家长不是不愿意让丁丁做个诚实的孩子，只是孩子的诚实让他们丢了面子。然后分析孩子的年龄特点和心理行为特点。

（2）在有了充分的准备之后，教师再约谈家长。在家长火气很大的时候，教师要冷静，面对家长喋喋不休的指责，暂时采取冷处理。教师可心平气和、和颜悦色地与家长交流，把同事一起帮助梳理的内容逐一讲述给家长听，在这个过程中也要耐心聆听家长的心声。

（3）通过谈话，让家长了解幼儿园的集体教育，也让教师了解幼儿的家庭教育。之后，教师再根据实际情况寻求双方的契合点，达成教育共识。

（三）求助幼儿的其他家庭成员

家庭成员存在着文化差异、年龄差异、对事物理解的差异，常来接幼儿和不常来接幼儿的同一个家庭的成员，对待同一件事情的态度也会有所不同。在遇到问题时，教师可以求助幼儿的其他家庭成员，以帮助自己共同解决问题。

【案例】

壮壮的爸爸来幼儿园接壮壮，壮壮跑到爸爸跟前说："爸爸，今天有人打我。"爸爸听后，立马火冒三丈，大声质问教师，是不是壮壮在幼儿园经常挨打，为什么壮壮今天会说这样的话？

【解决方案】

壮壮爸爸因不经常来接孩子，所以不了解幼儿园的情况以及幼儿在园的情况，其对幼儿的告状行为不加思考地质问教师显然有点草率和粗暴。这些不良情绪和由此带来的不良行为对教师都是一种伤害。所以，教师需要有足够的耐心和强大的心理素质来应对这些突发情况。具体的方法有：

（1）教师先用平和的语气安抚壮壮爸爸，让他不要急，先冷静下来。

（2）教师给壮壮爷爷打电话，请爷爷到幼儿园帮助一起解决问题。因为爷爷是接送壮壮最多的人，家长会、半日开放活动都是爷爷来参加的，平时与教师的交流也比较融洽。

教师找一个特别适合谈话的环境，请壮壮的爷爷、爸爸坐下来，慢慢交流。教师和壮壮的爷爷一起把壮壮的情况向爸爸反映，由壮壮的爷爷帮助教师做爸爸的工作。

（3）征询壮壮的爷爷和爸爸对幼儿园和教师的意见和建议，并虚心接受。教师和壮壮的爸爸建立联系，常常沟通壮壮的教育问题。班级组织活动时，也会请壮壮的爷爷、爸爸一起来参加。

安全教育资源

解决幼儿入园焦虑的策略

对于小班幼儿刚入园的哭闹，教师认为是正常现象，而家长则不这样认为，尤其是来园一段时间还哭的幼儿，其家长就会更加担心。为此，教师可采用以下方法帮助幼儿解决入园焦虑的问题。

（1）提前召开新生家长会，把幼儿刚入园可能出现的情绪表现告诉家长，并从幼儿的年龄特点、社会性发展、交往能力、适应性等方面分析幼儿为什么会出现这种情况。这样做可提前让家长了解幼儿入园会存在的问题，从而配合教师的工作，共同帮助幼儿度过入园焦虑期。

（2）新生陪伴活动。在刚入园的2—3天时间，教师可让家长在幼儿园陪伴孩子1到2个小时，让家长和幼儿的分离焦虑在陪伴活动中逐渐消除。

（3）对于个别情绪稳定较慢的幼儿，教师可采用多种安抚手段，如利用手机拍照或录像的方式记录幼儿的进步和变化，适时给家长看，以消除家长的顾虑；请家长坚持送幼儿入园，坚持正向鼓励，共同帮助幼儿尽快适应幼儿园生活。

（4）开学两周后召开第二次家长会，通过影像资料让家长看到幼儿的进步与情绪上的变化。用幼儿在园的事实说话，化解家长的疑惑，赢得家长的敬重。

第三节　智慧沟通：遏制事态进一步的恶化

幼儿教师的智慧不单单是表现在教育教学上，也应该表现在与家长的沟通与交流上。尤其是遇到矛盾冲突时，教师的机智表现能很好地遏制事态的进一步恶化,使问题得到及时、有效的解决。

序号	安全隐患表现	危险源	可能的后果	建议
1	家长间激烈争吵	幼儿间的矛盾	发生更大的肢体冲突	耐心安抚,平息怨气
2	家长情绪激动	幼儿受伤	家长在园闹事	积极配合,妥善处理;寻求社会支持

一、耐心安抚,平息怨气

家长对幼儿在幼儿园发生的事情大多是从教师的描述或是幼儿的表述中获悉的。因为幼儿年龄小,加上家长的"道听途说",所以家长可能会对幼儿在园发生的一些冲突有过激的表现。当类似这样的事情发生时,教师一定要做"消防员",学会"灭火",让家长的怨气在教师的耐心安抚下得以平息。

【案例】

在离园接幼儿时,暖暖先坐到小鞋柜上换鞋,棒棒来了之后就使劲挤暖暖,暖暖便用胳膊撞了一下棒棒,结果把棒棒撞得摔倒在地上。棒棒妈妈看到自己的孩子摔倒,便冲过来对着暖暖大声呵斥,暖暖的妈妈也不甘示弱,大声进行回击。两位妈妈都不认为自己的孩子有错,都觉得是自己的孩子受了委屈,争吵越来越激烈。家长因孩子之间的冲突而发生成人间的矛盾时有发生,这为幼儿园带来了安全隐患。

【解决方案】

面对这样的情况,建议教师从以下几方面入手来解决:

(1)教师要镇定,用自己的冷静面对家长的激动情绪。教师可给家长安排一个较为安静温馨的地方,比如幼儿的寝室、教师的备课室、幼儿园的会议室等,利用环境的私密和清静气氛缓和一下家长的火气。

(2)教师耐心倾听双方的表述,让家长有说出怨气的机会。同时也要提醒双方家长在一方表述时,另一方不插话、认真听,如有不同意见要等对方说完了再表述。接着,教师把自己看到的情景也表述给家长。如果教师自己也不是特别清楚事情发生的始末，可以和双方家长一起看具体时段的监控录像。然后，教师和双方家长一起分析事情发生的缘由。教师要从专业的角度，从幼儿的年龄特点上分析幼儿的行为，帮助家长了解幼儿之间的矛盾冲突与成人理解的欺负、打人是有区别的——幼儿之间的身体冲突很多时候都是"玩"，只是因为幼儿年龄小，对力度把控不好或是协调性不好而出现他们意料之外的结果。

（3）告诉家长在公共场合大吵大闹有损形象，这不仅不利于问题的解决，而且还会使幼儿处于惊恐之中，两名幼儿推推挤挤没有哭，反而是妈妈之间的争执把他们都吓哭了，这样做对幼儿的伤害反而更大。教师可叮嘱家长，以后千万不能当着幼儿的面争吵，要相信幼儿能够自己解决矛盾冲突，而且每一次的矛盾冲突的解决对于幼儿而言都是一次成长的机会。引导家长向幼儿学习，因为幼儿在发生矛盾后能很快消除负面情绪，与同伴继续玩耍；鼓励家长也能握手言和。通过谈心与家长达成共识，不要因为幼儿之间发生争吵、纠纷，就限制他与同伴交往。相反地，更应创造条件，鼓励幼儿多与同伴交往，让幼儿在交往、冲突、纠纷中获得更多经验，促进其社会性的发展。

由于幼儿之间的冲突而发生的家长与家长、家长与教师之间的矛盾，多是对事物理解上的偏差或是爱子心切所造成的。遇到这类事情，教师一定不要急躁，遇到家长与自己有认知上的矛盾的，不要急于解释，要善于倾听。当家长将不满说完了，怨气基本上也就消除了一大半，此时，教师再心平气和地解释、沟通，效果就会很好。教师切记要公平对待双方家长，取得双方家长的信任和认同，这有利于事情的解决。另外，教师也要就事件中的问题做出自我检讨。比如在幼儿谦让意识的培养上还有欠缺，事情发生的初期没能及时制止等。

二、积极配合，妥善处理，寻求支持

幼儿在幼儿园里生活、学习和游戏，往往由于好奇心的驱使去进行一些探索，但其身体自控性和协调性发展水平低，难免会发生擦伤、磕碰甚至骨折等意外伤害。在意外伤害发生后，教师要及时、妥善地处理。

【案例】

户外活动时，土土在玩半球攀爬时，不小心滑落下来，造成左前臂骨折。教师请幼儿园保健医生做了简单的处理，并及时通知了家长。家长来园后，看到孩子的痛苦表情,情绪十分激动,根本听不进教师的解释,表现得很狂躁,甚至要打人。

【解决方案】

幼儿在园玩耍发生安全事故,无论是否严重,家长通常都会情绪激动,在非理性状态下甚至会做出过激行为,存在安全隐患。

面对这样的家长,建议教师可以从以下几方面着手来做:

(1)当幼儿受伤严重时,启动意外伤害事故应急预案。园长、值班领导、当班教师、保健医生分工明确,各行其责。由园长安抚家长情绪,值班领导通过谈话和查看监控详细了解事情经过,当班教师安抚幼儿,保健医生联系车辆和医院,做好带幼儿就医前的准备工作。对园方联系的医院,应在征求家长意见的情况下,及时带幼儿就医。由值班领导、保健医生和当班教师一起陪同前往。就医途中,当班教师要态度真诚,如实向家长讲述事情的经过,对自己可能出现的疏忽大意诚恳道歉,对孩子的疼痛感同身受,给予安抚。联系家长时,尽量用比较平和的语气,避免夸张地表述幼儿在园的事发经过。因为如果家长在还没见到孩子时就被吓到,无形地会扩大家长对事故的遐想,不利于家长情绪的稳定,也不利于问题的解决。

(2)积极配合医生诊治,在医院不谈花费问题,不谈责任问题,保留好一切就诊凭证以便校方责任险报销时使用。在治疗过程中,如遇需要配合医生的事情,不要盲目配合,遵医嘱请保健医生协助配合。

(3)不说不利于事情解决的话,不出现容易引起家长不悦的行为。家长提出的要求,不要急于做出回答,请领导出面解释和答复,这样更有分量,家长也会比较信服。

(4)事故发生当天,班上三位教师要到家里探望。在幼儿休养期间,教师要经常性地打电话问候。在家长因工作忙而将伤情没有痊愈的幼儿送到幼儿园时,教师一定要细心照顾,避免二次伤害。幼儿复查或是换药时,教师要和保健医生一起陪同家长前往,回来后要及时向园领导汇报复查结果。

(5)由园长出面,把情况如实地向教育主管部门汇报,避免家长投诉时局领导因不了解实情而受误导。与家长谈判时,不要一个人面对,以免家长情绪激动对自己造成伤害,要有园领导参与,最好是在有监控设备的房间,对整个沟通过程录音录像,以备不时之需。教师要学会冷静,对家长一时的过激言语不做没必要的辩解,避免事态恶化。

(6)寻求社会支持。打电话给社区民警,简单讲述事故经过以及家长情绪激动可能会来园闹事等情况,寻求民警帮助。一旦有情况发生,社区民警能第一时间赶到现场,防患于未然。用法律保护自己,翻阅相关法律条款,了解有关法律知识。咨询律师,做好走法律途径的前期工作。比如:保存视频资料,当班教师口述经过并录音,调查其他幼儿时的录音等。

(7)查看监控,再次审视自己的行为,反思不足,避免类似的事故再度发生。

每一个家长都希望自己的孩子健健康康、平平安安的,幼儿每个小磕碰都会令家长很心疼。当家长不理解教师时,可能会有语言和态度上的过激行为。对于这些行为,教师要站在家长的角度去理解,不以恶对恶,不在家长情绪激动时与家长辩解,要有感同身受的心态,用积极的行动妥善处理问题,让矛盾和冲突化为乌有。一个人的力量是有限的,一个人的呼声也是微弱的,遇到自己无法解决的家园冲突时,一定不要盲目,更不要惶恐,要冷静分析、思考和反省,要主动去寻求帮助,借助公众的力量解决棘手的问题。

第六章 师幼心理安全及维护

教师工作压力是指教师由于工作方面的原因而导致的一种消极情感体验，如：愤怒、焦虑、紧张、挫折感及沮丧等。我国学者近年来对教师工作压力的调查研究发现，教师群体承担着较重的压力。幼儿教师工作压力大是现存在的最普遍的现象。幼儿教师工作压力主要来源于家长、幼儿园以及社会等。

第一节 教师心理安全

安全清单

安全隐患表现	危险源	可能的后果	建议
教师压力大	家长不信任/领导不支持/媒体负面报道	教师出现心理问题，进而造成幼儿园安全事故	为教师减压：提高自己的专业性，树立专业自尊自信；园长能保护教师；媒体树立幼儿教师的正面形象

一、来自家长的压力

（一）家长的不信任

1. 家长对教师工作的不信任

《幼儿园教育指导纲要(试行)》指出"家庭是幼儿园重要的合作伙伴。应本着尊重、平等、合作的原则，争取家长的理解、支持和主动参与，并积极支持、帮助家长提高教育能力。"然而事实却是，当家长面对幼儿园教师时，往往会产生这样的疑虑：我们的孩子交给他们行吗？这么年轻的老师叫我们如何放心呢？孩子在教室里会不会被老师批评训斥呢？这种怀疑和不信任感大大打击了教师的自尊心。家长尤其对年轻/新教师不信任，主要认为年轻教师经验不足。家长在和教师交流时，常常更愿意与老教师沟通，而将年轻教师冷落在一边。

家长对教师不信任的表现主要有以下几种：在幼儿身上装录音笔，监听教师对幼儿的态度；接幼儿后会不断问幼儿"老师吵你没、打你没"等，受暗示的幼儿可能无中生有，按照家长的引导编造教师打骂的情节，导致家长和教师的矛盾升级；对幼儿身上的一点小问题要刨根问底、不依不饶，缺乏深入沟通，只会一味妄加猜测,给教师带来很大的伤害。

家长对教师的不信任感可能会带来更大的隐患,如教师会担心家长不理解、不信任而隐瞒实情,引发意想不到的后果。

2. 家长对幼儿园工作的不信任

首先,在幼儿园快速发展的过程中,难免会出现:发展不均衡、两极分化严重、缺乏系统科学的管理等情况,这些情况处理不及时,便会导致幼儿园工作中的一些问题,进而引起家长对幼儿园工作的不信任。

其次,由于家长所获得的幼儿在园信息的不完整,如:幼儿饮食、睡眠、情绪、状态等,导致部分家长对幼儿园工作妄自猜测和不信任。

最后,家长对幼儿教师的不信任,会扩散至对幼儿园的不信任。家长对幼儿园的不信任给幼儿园工作带来压力。

为取得家长信任或者避免家园纠纷,有的幼儿园在教室里安装摄像头,让家长可以在一定程度上了解幼儿在园的学习与生活。但是,这种行为既是一种自我保护,也是一种枷锁,给自己可能带来更大的隐患。而且,对于是否应当在幼儿园的班级里安装摄像头,社会各界各持己见,一直未有定论。

【案例回放】

"透明办学"保障幼儿园安全①

走进 A 幼儿园,无论是在教室里,还是在走廊里,甚至在教室的外墙上,随处可见监控摄像头,Z 园长告诉记者,这样做一是为了管理上的规范,二是出于幼儿安全上的考虑。

几个摄像头能起到这么大的作用吗? Z 园长说,我们幼儿园里一共安装了43 个摄像头,已经覆盖了园区的角角落落,甚至连幼儿的寝室和卫生间也都在监控范围之内。如此无盲点的全覆盖式实时监控,不要说是教师和幼儿的一举一动一目了然,怕是连只蚊子也飞不进来了。Z 园长介绍道:"我们在这个主控室里,每天都会安排一名教师值班,从监控上可以看到园区的任何一个地方,包括大门口的马路上,这样如果有可疑人员出现的话,值班人员就会第一时间通知大家。"

然而,大家也忍不住要问,这样无盲点地全方位监控,会不会不利于保护幼

---

① 资料来源: http://news.iqilu.com/shandong/yuanchuang/2012/1108/1361355.shtml。

儿的隐私呢？Z园长告诉记者说："我们这个主控室平时是不允许任何外人进入的，家长有需求可以提出申请，经过批准之后才可以进来，而且不能携带任何录像设施。"

Z园长介绍说，这样的举措受到了家长的欢迎，很多家长通过申请看到实时的录像监控之后，不仅了解到了自己的孩子平时在幼儿园的情况，也体谅到了幼儿园老师们的辛苦。对于幼儿园而言，安装摄像头进行实时监控，不仅可以保障幼儿的安全，保留的监控录像也可以在关键时刻起到很大的作用。"有时幼儿独自走了出去，我们从监控中看到，就会告知班主任，这样减少了很多安全隐患，同时也可以增加家长对我们的信任和理解。"Z园长说道。

【案例分析】

1. 幼儿教师：摄像头监控心理压力大[①]

许多人认为在幼儿园装摄像头有利于规范教师的教学并使其更为自律，针对"摄像头有助于教师自律"的说法，一位幼儿园园长认为，教师的自我规范需要自身的变化和调整，外在的手段只能起到辅助作用，并不会带来根本性、实质性的改善。教师自然会做到为人师表，在这一点上，家长还是要对教师多一份信任和理解，从某种程度上说，摄像头是对教师工作的一种不尊重和不信任。

提到监控系统，许多教师都表现出了无奈和感慨，以前会很随意地摸摸小朋友的头或是拍拍小朋友的肩，安装摄像头后，做这些动作时就有了顾虑，因为观看视频的家长很可能误以为教师是在打孩子。一些小班教师也很担心，他们说，刚入园的幼儿多半会因不适应而哭闹，这种原本很正常的现象，家长可能会产生误解，认为教师对自己的孩子照顾不周。

事实上，幼儿园网络视频摄像头开通后，确实产生了一批整天"泡"在电脑前的家长，出于对自己孩子的关心，动不动就要给幼儿园打电话，这也干扰了幼儿园的正常工作和秩序。

2. 教育专家：长此以往不利于幼儿的成长

对于"透明式幼儿园"，教育专家也有自己的看法。

给幼儿园安装视频摄像头，单从幼儿园向家长提供服务的角度来看，服务质量是提高了，但这种提高是被动的、浅层次的。教师是能动性的人而非机器，要

---

① 资料来源：http://blog.sina.com.cn/s/blog_6074ee73010140ik.html。

想提高教师的教育质量,必须从教师自身专业成长的角度出发。

从教育的长远角度看,家长要明确送幼儿到幼儿园的目的是什么,即把幼儿放到集体环境中,让其学会幼儿园的规则,明白如何与其他幼儿相处。在这种交往中,幼儿获得了多种体验,酸甜苦辣都是成长所需要的营养。

把幼儿放在监视器下,圈在"安全岛"上,短期看来幼儿不会出问题,但长此以往对其成长是不利的。家长应该把对幼儿的爱适当地"藏起来",从小就给他一定的空间,让天真的幼儿相对自由地成长。家长和幼儿之间的"分离焦虑"是有一个过程的,完全可以克服。让幼儿尽早适应集体生活,真正做到在精神上的"断奶"才是目的。

(二) 家长不信任的原因

家长的不信任感,主要源于家长对幼儿园的不了解,与教师沟通不够,尤其是被媒体的负面报道影响,唯恐自家孩子受委屈,这些都会影响家长的价值判断及对幼儿园教师的印象。深入分析家长产生不信任的原因,主要有以下几点。

1. 家园关系由服务转变为服务加消费

与中小学不同,幼儿园的诞生带有一种服务性与福利性,但又不属于国家的义务教育范畴。在今天的市场经济条件下,家长无论送孩子进哪类幼儿园都要付费,家长认为,付出一定的费用就是购买一定的服务,教育成为一种商品。在这种情况下,家长作为一个消费者,幼儿园则成为商家,形成一种消费关系。消费者对商家的不信任由来已久,自然而然,家长在家园的关系上以顾客自居,造成双方立场不同,在很多问题上就会产生对立情绪,不信任自然产生。这也是许多教师的困惑,为什么总有家长持怀疑态度来对待幼儿园教师及幼儿园工作。

对于一些优质的公办幼儿园,作为买方的家长会趋之若鹜,唯恐幼儿园不收自家孩子,千方百计地想把自己的孩子送进去。这类幼儿园的家园关系相对融洽,幼儿园的家长工作也容易做。然而这样的优质幼儿园远远满足不了每一个幼儿的入园需求,因此,更多的幼儿还是被送到普通的幼儿园,尤其是私立幼儿园。这种情况下,作为买方的家长,就有了较大的主动权和选择权。有些家长会对幼儿园提出的合理要求表示怀疑,以警惕的心态面对幼儿园教师提出的家园配合的要求,经常担心自己遭到幼儿园的欺骗。家长会表现出不积极、不配合的态度,这必然会引起教师的反感。结果使得原本就对幼儿园工作及教师抱有不信任感的家长,更加坚信自己的猜测是正确的,从而使家园工作陷入恶性循环之中。

2. 家长对育儿知识不专业

(1) 对育儿知识一知半解。当今时代,信息获取渠道越来越多,家长可以通过各种途径获取到丰富的育儿知识。然而网上信息良莠不齐,有的更是无稽之谈,并不专业和科学。由于家长缺乏辨别的能力,可能会被一些不科学的育儿知识误导,觉得自己很懂得教育,却不知自己其实是一知半解。在这种情境下,有些家长会对幼儿园的做法提出质疑,甚至提出不合理的建议。如果园方或教师不能给予令家长满意的解释,家长对幼儿园和教师的不信任感会增强,并对幼儿园产生不认可感或疏离感。

(2) 对幼儿园理想化的期待。家长都希望把孩子送到"好"的幼儿园,而现在的幼儿园办园水平参差不齐,家长精心为孩子选择的"好"的幼儿园可能与自己的期望有一定落差,从而感到失落,从情感上认为自己受到了欺骗,于是就会在日常生活中对幼儿园及教师产生不信任感,甚至各种挑剔。

3. 幼儿教师队伍年轻化特征

幼儿教师队伍的年轻化特征是造成家长不信任的重要原因之一。

(1) 幼儿教师的整体文化水平较之中小学教师来说相对较低。虽然他们多数接受过专业的幼教专业培养,但是家长仍不太满意,对幼儿教师的专业地位认同度低。

(2) 幼儿教师的年龄小。一方面,年轻教师给幼儿园带来了活力;另一方面,年轻教师缺乏丰富的教学管理和育儿经验。很多年轻教师因为刚刚走上工作岗位,多数没有养育孩子的生活经验,所以会令家长产生不信任感,有时候家长还会用自己的方式来指导、要求教师。

4. 外部媒体的负面影响

媒体的功能在于客观公正地报道新闻,引导社会舆论,同时也有宣传主流价值观的责任。然而,现在有的媒体人由于业绩或各种原因,常常报道一些负面的新闻,有的不符合事实,甚至扭曲事实,所传达的信息或多或少地带有某种商业的气息和炒作的特征。负面性新闻偏多且频率高,这严重影响了家长对幼儿园及教师的客观判断。家长在不了解幼儿在园真实情况的状态下,一旦幼儿发生一小点问题,也会引发他们的猜疑。

5. 幼儿园工作不透明

人们往往对自己不知情的事物不信任。幼儿园作为一个教育机构,由于各种因素,很多工作是不公开的。比如幼儿园厨房的工作,外人莫进;幼儿在班级的情况,家长也知之甚少等。幼儿作为家长的心肝宝贝,在一个远离家庭的地方是否生活得好是家长最放心不下的。如果幼儿园不能让家长知情,家长就会对幼儿园工作及教师往不好的方向进行猜测。

(三) 消除家长不信任的方法

沟通是相互的。如果教师对幼儿付出了真心和耐心,幼儿能够健康成长,再加上与家长的相互支持、理解和信任,就会实现"1＋1＞2"的教育效应。

1. 自我反思,改变不当的教育行为

教师首先要反思,是否因自己的行为、语言、表情、态度等不当而造成家长的不信任。如果是这样,教师一定要及时地调整并和家长进行沟通交流,消除误解。比如每个幼儿的个性都不一样,教师对待幼儿的态度也不尽相同,尤其是对爱哭、入园适应难的幼儿会多一些关心、照顾和鼓励,这就容易让家长产生教师厚此薄彼的想法,进而对教师产生误解。如果发现了这样的情况,教师一定要和家长进行沟通,使他们理解教师的做法。同时,教师也要调整自己的工作方式,让每个幼儿都能感受到教师的爱和鼓励。

(1) 学习专业知识。教师要不断学习,掌握更加系统、丰富的专业知识;不断更新自身的教育观念,掌握更多有效的、专业的教育策略和方法。遇到问题时,多向有经验的教师请教。

(2) 主动与家长沟通。家长与教师初次接触时会比较生疏,作为教师,要主动担负起建立相互信任关系的责任,主动向家长介绍幼儿园的情况及幼儿在园的表现,包括教师为解决幼儿问题而采取的一些措施等,使家长了解幼儿园,理解教师的意图和方法。

(3) 消除家长顾虑。大部分家长是带着顾虑送孩子去幼儿园的,还有不少家长怕得罪教师,有意见也不敢提。对此,教师要主动了解家长的顾虑,揣摩家长的心思,及时抓住需要沟通的问题,选择恰当的时机和方式,开诚布公地与家长交流看法,并以实际行动及时消除他们的顾虑,取得他们的信任,让他们放心。当幼儿出现意外情况时,教师要及时告诉家长,不能心存侥幸。如果家长发现问题再来咨询,教师就会很被动,而且容易发生误会。

(4) 冷静对待偏见。有个别家长对教师不够尊重,对幼儿园工作有偏见,不了解教师的工作,甚至提出一些教师无法满足的要求。对此,教师应该保持冷静的心态,主动沟通情况,耐心做好解释工作,坦诚地与其交流看法,取得家长

的理解。

(5) 交流育儿经验。现在的家长对幼儿教育普遍非常重视,也了解很多先进的教育思想和实际有效的教育经验。教师可以创造机会,让家长之间互相交流、分享经验,教师也可从中获益,家长和教师之间也会变得更加熟悉、友好。另外,教师也可以定期邀请家长入园观摩和参与幼儿园的教育活动,让家长从中了解教师工作的辛劳,从而更加理解、支持教师的工作。

2. 有效交流,增进感情

(1) 先报喜,后报忧。不管是"对中有错,还是错中有对",对于幼儿获得的点滴进步,教师都要先告诉家长,报喜说明教师喜欢幼儿,然后在耐心诚恳地指出问题所在,能提醒的就不要批评。

(2) 单独提出问题,避免伤害家长的感情。教师向家长反映情况时,一般会选择在下午幼儿离园时,但此时有很多家长和幼儿,如果不注意,其他的幼儿和家长会听到这段谈话,这时,不管教师的语气多么温和,也可能让家长不愉快。有的家长可能因此迁怒于幼儿,造成双方情绪上的对立。为此,教师应单独找家长谈话,并提出建设性的批评意见。在指出幼儿存在的问题时,教师要把注意力集中在幼儿的具体行为和表现上。批评的目的是希望幼儿获得进步和提高,重点是如何改正,教师要多分析原因,提出具体的改进方法。

(3) 用请教的态度和口气提出看法。教师应尽量采取请教、商量的态度,把找出问题的主动权让给家长,耐心地听取家长的意见,使家长产生伙伴般的亲切感,也向家长证明你是相信他的,这样效果会更好。

3. 照顾好幼儿,消除家长的不信任

当幼儿喜欢教师、信任教师时,家长对教师的信任值也会相应地增加。比如:新生家长因为不了解教师和幼儿园,不信任感是最强烈的,而这时,幼儿哭闹的现象恰恰也最多。教师在这个阶段如能给予幼儿呵护、照顾,带着幼儿游戏,引导幼儿进行自我服务等,使幼儿和教师建立起亲密的关系,那么,当家长看到幼儿由哭闹着入园,到高高兴兴地入园,由躲在妈妈怀里不肯进班,到蹦蹦跳跳扑进教师的怀抱时,当听到幼儿说喜欢某某老师时,家长对教师的信任感就很自然地建立起来了。

来自一位幼儿园教师的肺腑之言①

——没有完美的家长，也没有完美的教师

没有完美的家长，也没有完美的教师。我们的相遇是一场修行！

家园共育是幼儿园工作的重要环节。家长只有足够地信任教师，和教师成为共同育儿的合作伙伴，才能有效地提高幼儿园保教工作的质量，促进幼儿全面健康发展。

"教师的心情"，不是指教师因为不喜欢哪个家长就会对其孩子怎么样。而是，当教师情绪有丝毫的波动时，一定会影响到她所带着的幼儿。

在一些家长的内心深处，可能会把教师当成是带孩子的"高级保姆"。其实，当今社会的幼儿教师，拿到的工资可能比一个家庭里带孩子的保姆低。但是，她们却同时带着在家里被几个大人围绕着的许多个孩子。

有些幼儿在家里被几个大人同时带着还会磕着、碰着，但如果是发生在幼儿园里，家长就难以接受了。有些幼儿一生病，家长就认为是幼儿园没有照顾好。有的幼儿一说不想上学了，家长会立刻想自己孩子是不是在幼儿园遇到什么问题了。有的幼儿可能和同伴之间闹了点小矛盾，不想进教室，家长会立刻责问教师，"为什么我们的孩子被欺负"，甚至扭曲真相，制造事端。

家长要明白幼儿园是社会的缩影，社会上发生的矛盾在幼儿身上也会发生，这属于正常现象，生活即教育的意义就在于此。家长对幼儿园及幼儿园教师的接纳和信任程度决定了幼儿在幼儿园的童年生活质量。

当幼儿教师聚在一起，一般讨论的永恒话题就是"家园共育"。大家共同的感觉是，自己真正用在幼儿身上的空间，还有提高的余地。但是，面对家长的穷追不舍、无理取闹，这个空间就会被挤掉。

幼儿教师感到痛苦的是：几乎所有的教师，尤其是非传统教育理念下的教师，他们是因为爱孩子、爱这份事业才从事了这项工作。她们清楚地知道，唯有爱、接纳、无私奉献才能和幼儿一起走下去。选择做一名幼儿教师，其实是在选择把班上所有的幼儿当成自己的孩子来爱的工作。但是，每一个幼儿都来自于他身后的家庭，都带着那个家庭深深的烙印。当教师聊到被家长不理解时的那种孤独和痛

---

① 资料来源：http://www.sohu.com/a/200322895_704662。

苦时,是很折磨自己的。

家长或许没有意识到,当家长晚上在班级群里讨论幼儿园或班上的事情,并传递着负能量时,很可能会影响教师晚上的休息以及第二天上班的心情。家长可能意识不到,其实这是伤害所有的人,尤其是教师。

关于教育,幼儿越小教育就越重要。一个家长与幼儿园之间的关系,与孩子班上教师的关系,对教师及班级的关心,对他人的理解和支持等,这一切就是这位家长带给自己孩子最形象、最直观的教育。幼儿园教育最大的魅力在于能够借助家园共育,传递正确的教育理念,引导家长了解正确的教育方法,带领父母和孩子共同成长。在此过程中,教师需要理解和接纳家长,家长也同样需要理解在此过程中,教师为幼儿教育所付出的努力。教师非常需要被理解、关心、照顾和爱,这样她才能真正做到用自己的生命力滋养幼儿,才可能把全部的精力放在爱幼儿上。

在这个世界上,没有完美的家长,也没有完美的教师。

因此,家长和教师相遇,需要一起经历、修行和成长!

支持幼儿的教师,就是在支持幼儿的成长!

接纳幼儿的教师,其实也是在爱你自己的孩子!

这是一场因爱和信任的邂逅,让彼此之间的爱与信任流淌起来吧!

二、来自幼儿园的压力

对幼儿园教师的压力调查表明,幼儿园已经成为幼儿教师压力的重要来源之一。幼儿园的哪些工作给幼儿教师带来了压力呢?表现在什么地方?如何缓解幼儿教师的压力?这里将对幼儿园给幼儿教师带来的压力进行全面解析。

(一)教师的压力来源

1. 频繁的评比任务

幼儿园为了完成上级行政要求、招生宣传、迎合家长等,往往会进行各种形式的评比活动。但很多幼儿教师认为,这些活动对促进幼儿发展没有特别大的效果,有很多活动是没有必要的,只会浪费教师的时间和精力,增加教师额外的工作任务。如果这些时间和精力可以让教师用来备课、准备教学活动、观察幼儿、指导幼儿等,将会更有意义。常见的评比活动有以下几种:

（1）过于频繁的评课等教研活动。幼儿园组织教研活动旨在提高教师的教学水平,增进教师之间的专业能力,是幼儿园正常的工作。但问题在于,幼儿园教研活动太过频繁且低效,为教师带来许多困惑与压力。一方面,教师对于上一次教研活动的学习内容还没有吸收内化,就要匆忙地进行下一场评比;另一方面,过于频繁的教研活动会打乱教师的教学计划,使正常的班级教学计划无法进行,最终影响幼儿的学习与发展。

（2）"变味"的幼儿园环境创设。《幼儿园教育指导纲要（试行）》中指出:幼儿园应为幼儿提供健康、丰富的生活和活动环境,满足他们多方面发展的需要,使他们在快乐的童年生活中获得有益于身心发展的经验。在丰富多彩的环境中,幼儿通过自身的活动,不断地与环境相互作用获取信息,并使之与自己原有的知识体系发生联系,得以发展情感、记忆力、想象力与思维能力。可见,环境对幼儿发展至关重要。但是,现在很多幼儿园环境创设更多是为了宣传、展示,却少了教育功能,这成为教师工作中最大的负担之一。

（3）强制性的实践教育活动。实践教育活动是指让幼儿身临其境,亲自参与社会活动,进而获得相应的社会经验及常识的一种教育活动形式。实践教育活动是非常符合幼儿身心发展的教育方式,幼儿园应该运用这样的教育方式,但要选择合适的时间。一方面,幼儿园的很多实践教育活动是上级行政下达的要求或者幼儿园自行安排的,这中间就打乱了幼儿教师的教学计划,并忽视了幼儿的教育活动进程安排;另一方面,这样的教育活动需要非常严密的计划,教师需要提前做很多工作,如做活动计划、与家长沟通、提前考察路线和准备材料等,这极大地增加了教师的工作量。教师在活动中既要实施教育,又要密切关注幼儿安全,非常耗费精力。

2. 遇到家园纠纷时,教师孤立无援

幼儿在园有时难免会出现或大或小的安全问题,对于大部分的安全小事故,幼儿教师是可以通过与家长沟通自行解决的,但有的事故则需要园方出面,可有的幼儿园会出现不支持教师的情况。比如,当遇到严重的家园纠纷时,幼儿园往往会为了维护幼儿园的整体利益而牺牲教师利益,认为这是教师自己造成的安全问题,应由教师自行解决,将教师置于无助之地。

（二）为教师减压的策略

幼儿园给教师带来的压力,其直接影响者往往是以园长为首的幼儿园领导。因此,要缓解教师的压力,需要园长做出一些改变。对园长的具体建议详见以下几点。

1. 园长有勇气对不合理的教育任务说"NO"

幼儿园领导在接收上级下达的一些任务时,要把好第一关,审查、筛选出符合幼儿园需求和促进幼儿发展的任务,并认真地完成。对一些没有必要的任务,可以委婉回绝;对于实在不能拒绝的非必要工作,幼儿园领导可以在不动用教师的情况下完成。总之,幼儿园领导应当把好第一关,尽量从源头上减少幼儿教师的工作量。

2. 实践教育活动要按幼儿教育的需求进行,不应成为一种任务

幼儿园要清楚地了解实践教育只是一种教育形式,是为促进幼儿发展而进行的,因此,实践教育活动应安排在教育计划之内。幼儿园不能为了热闹、迎合家长、完成上级任务而盲目、强制性地安排实践教育活动。

3. 不给教师额外的工作任务

幼儿教师是一个社会人,除了工作还有自己的生活,因此,幼儿园应该充分考虑到教师的工作时间和个人生活,应尊重教师的生活,不占用教师的非工作时间。幼儿园可以通过降低评课教研、幼儿园环境创设等活动的频率,减少教师的一些非必要性工作,以此保证教师的休息时间。

4. 幼儿园及领导应该做幼儿教师的坚强后盾

当教师陷于家园纠纷,或是其他困境时,如生活困境、学习困境等,幼儿园应该及时了解,并给予教师实际有效的指导建议、精神安慰、物质帮助等,使教师有集体归属感,以做好教师的坚强后盾。

安全教育资源

幼儿园教师要知道的法律知识

《中华人民共和国劳动合同法》是为了完善劳动合同制度,明确劳动合同双方当事人的权利和义务,保护劳动者的合法权益,构建和发展和谐稳定的劳动关系而制定的。

《中华人民共和国劳动法》第十六条明确规定:劳动合同是劳动者与用人单位

确立劳动关系、明确双方权利和义务的协议。建立劳动关系应当订立劳动合同。

教职工要明确一种意识，即劳动合同可能是一种约束，但更多的是保护，一定要重视劳动合同的签订。

教职工与幼儿园签订合同时，要先了解合同内容，然后在双方平等自愿、协商一致的基础上签订。

《中华人民共和国劳动合同法》第十七条规定劳动合同应当具备以下条款：

（1）用人单位的名称、住所和法定代表人或者主要负责人。

（2）劳动者的姓名、住址和居民身份证或者其他有效身份证件号码。

（3）劳动合同期限。

（4）工作内容和工作地点。

（5）工作时间和休息休假。

（6）劳动报酬。

（7）社会保险。

（8）劳动保护、劳动条件和职业危害防护。

（9）法律、法规规定应当纳入劳动合同的其他事项。

三、来自社会的压力

随着信息时代的迅速发展，社会媒体对人们的生活及社会舆论导向的影响也日益扩大。幼儿是最为弱势的社会群体之一，且与每个家庭都密切相关，因此，社会各界非常关注，尤其是社会媒体，如新闻、网络、社交平台等。由于与幼儿及幼儿园有关的任何报道都会引起巨大的社会反响，因此，幼儿园教师来自社会的压力主要源自社会媒体。

（一）社会压力来源

1. 媒体的负面报道

（1）有些社会媒体为了博人眼球，增加转载量和经济效益，其报道不免有夸张的成分，对于幼儿园及幼儿教师的报道也是如此。

（2）社会媒体的报道频率较高，影响更长久。社会媒体所能报道的热点，尤其是能引发社会广泛关注的热点会有持续的报道。如果对幼儿园及教师进行长期的负面报道,会增加教师的心理压力。

（3）由于媒体报道的多是幼儿教师的负面形象,根据心理学上的"晕轮效应",使得整个社会认为,大部分的幼儿教师是类似形象,这导致幼儿教师的社会地位也随之下降。幼儿教师生活在这样一种社会状态下,其情绪会受到影响,进而影响他们的正常工作状态。

2. 传统观念强化教师的角色

（1）传统的工作内容限制对幼儿教师角色的认知。从历史方面,幼儿园教师开始作为一个职业时,所做的主要工作是照顾幼儿的衣食住行,缺乏教育的含义,这就奠定了这份工作从业人员社会起点较低,幼儿教师社会地位低下的事实。虽然幼儿教育越来越受到重视,但有一些人并没有发自内心地认可幼儿教师的社会角色及地位,而是仍然停留在"幼儿教师就是保姆"的传统观念。

（2）固守着学历低,素质就低的错误认识。回顾幼儿教师聘用资格的发展情况,相较与中小学教师,幼儿教师入职门槛较低、偏年轻化。人们习惯将素质与学历联系起来,因此认为幼儿教师的素质低下,师德没有保证。这种观念与认识影响深远,再加上媒体对幼儿教师的负面报道,导致家长总以不信任的、挑剔的眼光看待幼儿教师,给他们带来身心的双重压力。

（二）减压策略

社会媒体的影响是多方面的,要缓解教师的压力,应该从多方面共同努力,从而还原广大幼儿园及幼儿教师的真实面貌。

1. 对媒体的建议

媒体对于负面新闻的报道应真实,呈现事件原貌。媒体应本着客观公正的态度去报道事实,不能为了点击量而不惜违背新闻媒体的原则,去夸张或歪曲事实。

社会媒体应该报道一些幼儿园及幼儿教师的正面新闻,全方位向社会展示幼儿教师的精神风貌。媒体应该全面了解幼儿教师,从而发现大部分的幼儿教师都具有良好的师德,对幼儿充满爱心、耐心和热心。幼儿教师的工作既琐碎又辛苦,但是整体而言,他们工作认真负责、任劳任怨。尽管媒体报道中有少数"虐童"教师,但是这是小概率事件,并不能代表幼儿教师的整体形象。因此,社会媒体应该多从正面报道能反映幼儿教师真实生活和工作的内容,以全面提升幼儿教师的社会形象。

2. 对幼儿园的建议

(1) 加强对幼儿教师的监督与管理。幼儿园应制定严格可行的管理条例,让幼儿园工作制度化,这样才能便于管理,减少漏洞和事故的发生。幼儿园应该坚决杜绝安全问题,减少幼儿安全事故的发生率,争取做到社会媒体的"0"负面报道。对幼儿教师进行有计划的师德培训,要做到有重点、有层次性。在日常管理中,多提醒教师规范自己的行为。

(2) 优化教师队伍。幼儿教师是最直接接触幼儿的人员,幼儿园一定要优化教师队伍,这是减少安全事件发生的前提。因此,幼儿园在招聘教师的选拔中就应该严格把关,坚决杜绝有精神疾病者、传染病者等不适宜的人群进入教师队伍。在平时对教师的考核、管理中,淘汰喜欢对幼儿"动手动脚"的教师,以净化教师队伍,确保不发生虐童事件。

3. 对家长的建议

(1) 不能盲目跟风,要有自己的判断。家长在看到有关幼儿安全的报道时,尤其是家里正好有幼儿的家长,不要同仇敌忾,头脑一热地盲目下定论。家长要冷静地思考所报道的事件的背景是否客观、真实,在看到虐童、安全事故发生的报道时,要有自己的判断。

(2) 相信幼儿教师。家长在看到媒体对于幼儿园或幼儿教师的负面报道后,不要对所有的幼儿教师产生猜忌,更不要将负面报道迁移想象到自己的孩子和教师身上。如果总是用有色眼镜去看待自己孩子的教师,会导致家园关系的不和谐,最终受影响的是幼儿。因此,家长应该相信自己孩子的教师。

安全教育资源

关于教师的调查

有人调查后发现,在互联网上约有 33 300 项关于教师的查询结果,其中只有不到 1 000 项是有关教师高尚等正面形象的报道。这些对教师正面形象的报道,往往较为单一、刻板,而在其他负面信息中,教师往往被描述成训诫者、敛财者、体罚者、变态狂等。由此可见,在当前大众传媒中,教师形象的负面报道日益增多,甚至有被妖魔化的趋势。这种被妖魔化的教师形象与被神圣化的教师形象一样,都背离教师本真的面貌,会给教师的工作和生活带来一系列的消极影响。

第二节 幼儿心理安全

马斯洛认为安全感是"对于稳定安全、秩序、受保护以及免受恐吓、焦躁和混乱的折磨的需要","一种从恐惧和焦虑中脱离出来的信心、安全和自由的感觉"。心理安全是一种主观感觉,是一种对可能出现的危险或风险的预感,以及个体在应对处事时的有力/无力感,主要表现为确定感和可控感。有安全感的幼儿的表现为:情绪稳定、学习有信心、做事有勇气、与人能和睦相处、能适应群体活动、能发挥自己的潜能。当安全需要得不到满足的时候,幼儿会采用很多方式来应对需求得不到满足所带来的焦虑和恐惧,如退缩、依赖、说谎、攻击、选择性缄默等。

幼儿心理上有安全感是其身心健康的前提。"健康是一种身体上、精神上和社会适应上的完好状态,而不仅仅是没有疾病及虚弱现象。"世界卫生组织从广义和狭义上对心理健康进行了定义:从广义上讲,心理健康是指一种高效而满意的、持续的心理状态;从狭义上讲,心理健康是指人的基本心理活动的过程内容完整、协调一致,即认识、情感、意志、行为、人格完整和协调,能适应社会,与社会保持同步。幼儿心理健康一般包括:智力发展正常、情绪反应适度、行为统一协调、人际关系融洽、性格特征良好。在现实生活中,教师如果言行不当会给幼儿造成不安全感,甚至是心理伤害,更严重者会带来心理问题。

安全清单

安全隐患表现	危险源	可能的后果	建议
生活行为:吮手指、咬指甲、挖鼻孔、咬衣服等; 社会行为:焦虑/胆小/退缩/孤僻/攻击行为/破坏行为等	不当养育方式; 虐童; 语言暴力	幼儿心理阴影; 心理障碍; 心理疾病	矫正; 治疗:游戏疗法/绘画疗法/音乐疗法/感统训练; 积极干预

一、虐童对幼儿的心理伤害及防范

美国疾病控制和保护中心（Centersfor Disease Control and Prevention）将"虐童"定义为：任何对儿童导致伤害、潜在的伤害或恐吓的伤害的行为，同时，该机构将"虐童"分为四种类型：忽视、身体虐待、性虐待、心理感情虐待。而英国在1989年公布的儿童法案中规定：凡是影响儿童生理的、智力的、情绪的、社会的行为都是"虐童"。

分类	定义	特征	防范与惩罚
忽视	持有监护权的成人，对于受抚养的未成年亲属，对其饮食、教育、医疗、衣物、卫生等基本需求刻意忽视	营养不良、衣物不合身、学龄儿童未去学校等	以儿童为本，关爱重视儿童
身体虐待	对儿童踢、踹、捏、打耳光、拉头发、鞭打、捆绑、用香烟烫、过度体罚等。施暴者往往声称只是在管教小孩，但如果这类行为导致儿童严重受伤或死亡，将涉及刑责	施暴者的施暴行为，往往不是一次性的，因此受虐儿童的身上常会有异常数量的外伤与旧伤痕。为了遮掩伤痕，受虐儿童常无视气候变化，终年穿着长袖衣裤。施暴者在儿童就医时，常捏造其外伤发生的原因与病史，以规避责任	完善法律，依法惩治
性虐待	通常指成人或年纪较大的青少年通过对儿童进行性虐待来得到刺激的快感。强迫儿童裸露生殖器或触摸，或对儿童使用情趣用品，或异物插入等	施虐者可能是儿童熟识的人，如家人、亲戚的孩子、朋友的家人、保姆、邻居等，使儿童会主动防备的陌生人仅占少数。这类伤害可能会导致儿童罹患性病，如生殖器、泌尿道、直肠受细菌感染或撕裂伤	进行性教育，防患于未然，依法惩治
心理感情	谩骂、嘲笑、羞辱、批评、恐吓威胁、损毁或丢弃物品等	很难界定是否为精神虐待。受虐者可能主动远离施虐者，或暗自咒骂、反击	及时发现；积极干预和支持

近年来，各种"虐童"事件频频发生。关于虐待儿童罪，我国法律并没有明确的规定，只有一些与虐待罪相关的规定，如《中华人民共和国刑法》第二百六十条规定："虐待家庭成员，情节恶劣的，处二年以下有期徒刑、拘役或者管制。犯前款罪，致使被害人重伤、死亡的，处二年以上七年以下有期徒刑。"《中华人民共和国未成年人保护法》中明确规定，"不得对未成年人实施体罚、变相体罚或者其他侮辱人格尊严的行为"。作为教师，在对待幼儿时，应具备爱心、耐心、关心等，而不是体罚或打骂幼儿。

美国关于虐童的相关法律及防控救助体系

1. 法律保障

（1）立法严惩虐童行为。1899年，成立第一个保护儿童受虐待的少年法庭。1944年，美国最高法院规定：为保护孩子，政府可以干涉家庭内政。1960年，纽约州政府建立儿童收养机构。1974年，美国国会通过《儿童虐待预防和处理法案》。1984年，通过《儿童保护法案》。虐童在美国大部分州被视为重罪。

（2）强制报告制度。所有与儿童有亲密接触的人员均有义务向政府报告儿童身心健康的情况，接受匿名报告。

2. 组织保障

（1）政府部门。美国联邦政府内设有儿童局，儿童局中有专门负责虐童的机构，在大量社会调研的基础上每年发布儿童虐待年度调查报告。

美国疾控中心设有犯罪预防处，内部设有儿童虐待工作和研究的机构及人员。

美国虐童防控层层相扣，各级政府互相合作。

（2）民间组织。美国保护受虐和受忽视儿童的民间组织非常多，最著名的是儿童救助组织，该组织的服务包括：寄养中心、社区之家等。

3. 资金保障

联邦政府通过以社区为基础的补助来实现对虐童基金的提供。

性侵对幼儿造成的伤害不仅是身体上的，更大的伤害是在幼儿的心理上。但是，许多人困惑于该如何在这方面对幼儿进行正面的教育。如何保护幼儿不被性侵已成为全社会成员刻不容缓的责任。

改编童话故事
——智慧教育孩子保护自己①

有一天，我看了一部电影《美丽人生》，突然有了灵感。这部电影讲的是纳粹时期的故事，全家被抓入集中营后，父亲为了不让孩子留下心理阴影，就对儿子说，集中营里发生的一切都只是一个游戏，只要不违反游戏规则，就能获得一部坦

---

① 资料来源：http://www.sohu.com/a/193961679_160536。

克。虽然集中营的生活很恐怖，但是孩子却快乐地生存下来，直至获救，心中依然充满爱与希望……我决定像这位聪明的父亲一样，用一种柔和的方式——改编童话故事，帮女儿建立起保护自己的意识。

女儿很喜欢芭比娃娃，有很浓的"公主"情结。所以，我特地在她6岁生日那天，送了一个美丽的芭比公主玩偶给她，并且温柔地说："做公主可不是那么容易的，她们必须遵守芭比学校的公主守则。否则就算穿得再漂亮，也不是真正的公主。"

听了我的话，女儿连忙追问："那芭比学校有什么公主守则呢？"

"我每天给你讲一个故事，每个故事里都有一条公主守则，怎么样？"

"好呀好呀，我最喜欢听故事了！"女儿欢呼雀跃道。

我给女儿讲的第一个故事是改编后的《新白雪公主》：白雪公主深知男女有别，所以虽然跟7个小矮人是好朋友，但每次洗澡和换衣服时，她都会关好门窗，而且每晚都会回自己的房间睡觉……其实白雪公主，并没有真的吃下巫婆给的毒苹果。她趁巫婆不注意，偷偷换了一个好苹果，然后假装中毒。如果真的中毒，怎么会那么容易就活过来呢？白雪公主会换苹果，是因为她知道，公主不能吃陌生人给的食物，否则自己就会有危险。而且当时小矮人不在家，如果直接揭穿巫婆的诡计，她可能会受到伤害……女儿惊讶地叫道："原来是这样呀！我就觉得白雪公主不该那么笨，死了一次又一次，否则王子怎么会喜欢她呢？"

接下来的一段时间，我又对《灰姑娘》《豌豆公主》等童话进行了改编：灰姑娘之所以要在12点之前赶回家，不仅仅是怕美丽的衣服和鞋子被打回原形，还有一个原因是，她觉得一个好女孩，不应该在外面待到太晚。正因为她的坚持，王子才被她深深打动了，认为她不只拥有美貌，而且还是个自尊自爱的好姑娘，适合当未来的王后……

在得知豌豆姑娘是真正的公主之后，王子高兴地送了一条项链给公主，并邀请公主当晚留宿在自己的房间里。公主果断地拒绝了，并且告诉王子，真正的公主在婚礼之前，是不会跟男子住在同一个房间的，也不会随便接受别人的礼物。"你的做法不像一位真正的王子，所以我不会同你结婚。"豌豆姑娘说。后来，王子意识到了自己的错误，再三向公主道歉，并且保证在结婚之前一定不会冒犯公主，豌豆公主这才原谅了他……

不知不觉中，我改编了十几个童话。我充分发挥自己的想象力，尽量把故事讲得生动有趣，女儿也饶有兴致地从中总结出了许多公主守则，比如：背心裤衩覆盖的地方绝不能让人摸；不能接受陌生人的食物；不要跟男子独处一室，就算是自己的长辈、老师也不可以等。

有时候，女儿也会不解地问我："王子不是负责保护公主的吗？为什么公主还要这么小心翼翼地保护自己呢？"我告诉女儿："王子要等公主20岁以后才会出现。在王子出现之前，公主必须学会保护自己，优雅而高贵地活下去。如果公主因为不会保护自己而受到伤害，那么她可能等不到王子出现的那一天，就变成天上的星星了。而且，如果公主什么也不做，只会被动地等待王子拯救，她或许因为美貌一时吸引王子，但是不会被王子所尊重，更不会成为王子的妻子。"听了我的话，女儿似懂非懂地点点头。

经过一段时间的训练，我帮助女儿建立起了较强的自我保护意识。现在的她，非常有原则，也懂得巧妙地保护自己。有一次，我因为有事把女儿托付给开精品店的妹妹照顾。妹妹临时外出进货，店里只剩下女儿和一个年轻的男店员，于是女儿便跑到隔壁一对夫妻开的店里玩，直到妹妹回来才返回店中。妹妹问她为什么不待在店里看电视，她当时没说什么，事后却悄悄告诉小姨，公主要懂得保护自己，所以最好不要跟男生单独待在一起。自己之所以刚才没说，是怕店员哥哥不高兴。

妹妹告诉我这件事时，我很高兴：对一个母亲来说，能赋予孩子保护自己的能力，让她像一株带刺的玫瑰，安全而美丽地绽放，还有什么比这更值得欣慰的呢？

幼儿园性教育绘本推荐

1. 培养性别意识类

（1）《小鸡鸡的故事》，山本直英（文），佐藤真纪子（图），蒲蒲兰（译）。

（2）《乳房的故事》，土屋麻由美（文），相野谷由起（图），蒲蒲兰（译）。

（3）《妈妈的奶》，宫西达也（著），朱自强（译）。

（4）《萨琪到底有没有小鸡鸡》，提利·勒南（文），戴勒菲妮·杜朗（图），武娟（译）。

（5）《我是女孩，我弟弟是男孩》，郑智泳、郑惠泳（著），黄仙（译）。

2. 性启蒙类

（1）《我是如何出生的》，闵秀贤（文），崔正仁（图），王瑷瑷（译）。

（2）《小威向前冲》，尼古拉斯·艾伦（著），李小强（译）。

3. 自我保护类

（1）《不要随便摸我》、《不要随便跟陌生人走》、《不要随便亲我》，珊蒂·克雷文（文），茱蒂·柏斯玛（图），刘敏（译）。

（2）《干净与不干净》，闵智英（文），赵贤叔（图），秦晓静（译）。

（3）《不行！不可以！》，郑召润（文），金宗敏（图），秦晓静（译）。

（4）《我做得很棒吧?》，闵智英（文），赵正林（图），秦晓静（译）。

二、语言暴力对幼儿的伤害

（一）语言暴力的伤害

语言暴力是指使用谩骂、诋毁、蔑视、嘲笑等侮辱歧视性的语言，致使他人在精神上和心理上遭到侵犯和伤害的行为。语言暴力源自不平等的相互关系。语言暴力也叫 4D 语言：即 Diagnosis（过分诊断）、Denial（否认/否定）、Demand（命令/说教/威胁）、Deserve（你应该怎样）。

从表面上看，语言暴力比体罚显得"文明"，但它带给幼儿的伤害绝不会比体罚小。从某种程度上讲，可能还有过之而无不及。体罚更多伤害的是幼儿的身体，其痛苦可能是短暂的，但语言暴力的伤害却是长久的，不仅侮辱了幼儿的人格，损伤幼儿的自尊和自信，摧残幼儿的心理健康，严重的还会导致幼儿心智失常，丧失生活勇气。北京师范大学心理学教授邹泓说：同伴或老师实施的语言伤害，还会在孩子的心理上投下一种阴影，致使他们不再相信外部世界，觉得这个社会是冷漠的、恶毒的，对社会产生一种强烈的排斥感。在幼儿园中，有的语言暴力很隐蔽，教师往往意识不到自己所说的是语言暴力。比如：

• 不听话，就不让你回家/把你送到小班去/打电话不让家人接你/就不喜欢你了/把你关厕所/把你扔出去！（恐吓）

• 闭上你的嘴巴，就你话多！（指责）

• 你烦死人了或你烦死我了！（抱怨）

• 不听话，站墙边去/站门外去！（惩罚）

• 闭嘴，你给我出去！（命令）

• 命令孩子说，我数三个数：一二三！（威胁）

• 你就不会快点吗？每次都是你最后！（标签）

• 今天老师心情不好，你们注意点！（威胁）

幼儿与幼儿之间也会发生语言暴力，通常是发生在强势幼儿与弱势幼儿间。

纪录片《小人国》中男孩子发生的一些冲突体现了幼儿园中的语言暴力。此外,给别人起绰号(对身体缺陷、姓氏等)、公开别人隐私、讽刺挖苦他人、嘲笑他人的生理缺陷等也属于语言暴力。

(二)语言暴力对幼儿的伤害

1. 形成退缩型人格

在语言暴力下,一些内心相对脆弱的幼儿在高压下往往会回避问题和现实,不敢与人正常交流,容易形成内向、封闭、自卑、多疑等人格特征。

2. 形成攻击型人格

在语言暴力下,那些具有逆反心理的幼儿在受到语言暴力之后,性格会变得暴躁、易怒,内心充满仇恨。他们为了发泄不满,会对他人和社会采取过激行为,直接影响和危害社会,害人又害己。

3. 影响幼儿大脑发育和身体生长

语言暴力给幼儿带来的是"毒性压力",这种压力会使大脑神经处于应激状态,对脑神经细胞造成一定的影响。这些压力会伤害到不同的脑神经细胞,因此身体相应部位就会受到影响,如语言发展、情绪管理、运动能力等。

长久以来,很多人意识不到语言也能成为暴力,虽然它不留痕迹,但给人的伤害却更持久。有人形象地比喻——对儿童的语言暴力就如同引爆一颗定时炸弹,它只会在行凶者离开现场之后才会爆炸。

教师偶尔的一两句话也许不会给幼儿带来什么影响,但反反复复、不分场合地出现,就变成了暴力。幼儿的自信心、社交能力,还有性格无疑都会受到巨大的影响。

(三)用非语言暴力进行沟通的策略

语言暴力的产生有几种原因:一是不懂得沟通技巧;二是在不良情绪下控制不住脱口而出;三是缺少正确的儿童观,居高临下。由语言暴力到非语言暴力转化既需要掌握沟通技巧,还需要管理好自己的情绪,更重要的是具有正确的儿童观和亲子观等。具体的沟通技巧有:

1. 接纳幼儿的感受

- 全神贯注地倾听。
- 用"哦……"、"嗯……"、"这样啊……"来回应他们的感受。
- 说出他们的感受。
- 用幻想的方式实现他们的愿望。
- 学会赞赏。

2. 描述你所看到的

一个四岁的孩子带着她的涂鸦作品从幼儿园回来,放到妈妈的面前,问:"画得好吗?"妈妈的第一反应就是:"非常好!"但马上意识到:不行,我得描述! 但怎么描述涂鸦呢? 客观描述吧。

妈妈:"你画了一个圈,又一个圈……一个拐弯,又一个拐弯……点、点、点……线、线、线!""嗯,嗯,嗯。"孩子频频点头道。妈妈:"你怎么想到这么画?"孩子:"因为我是艺术家!"

3. 描述你的感受

比如: 看到你今天吃了青菜,我很高兴;你今天午餐不吃青菜,我有点担心。

三、幼儿心理安全及维护

通过以上的分析不难发现,造成幼儿心理问题的原因是多方面的,既有个体原因,也有家庭和幼儿园等环境因素。提前预防和干预可以有效降低幼儿心理问题的发生,提高幼儿身心健康指数。

(一) 影响幼儿心理安全感的主要因素

(1) 个体原因(先天气质原因): 敏感、胆怯、孤僻等;幼儿知识、技能有限;因无法预知带来的恐惧。

(2) 家庭原因: 父母离异、家庭冲突、家庭暴力、教养方式不当(如夸大环境的不安全性)。

(3) 幼儿园中的原因:①教师的言语不当、行为不当;缺乏管理技巧;心理学、教育学方面的知识欠缺。②友伴欺负等。

(二) 增强幼儿安全感的干预策略

1. 营造爱的气氛

教师要学会控制自己的情绪,以各种方式表达对幼儿的爱和关心,如简单、正向、积极的语言。

2. 营造有秩序的、自由的环境

蒙台梭利认为,儿童需要一个可预测的、有序的世界。制定和执行规则时应注意:制定的规则应与幼儿的能力和需要相适应,否则幼儿必定会出现违反或破坏规则的情况。规则应有一定的概括性且不能随意改变,否则会导致幼儿不尊重规则。规则教育是为了营造一个有秩序的环境,同时促进幼儿的独立自主和社会适应能力,而不是限制幼儿。

3. 情境转移,创设温馨的心理环境

幼儿期是情感体验和心理迅速发展的时期,心理环境十分敏感。比如刚入园的幼儿离开家人(被动处于一个陌生环境)时,会失去安全感,容易产生吮手指、咬指甲等不良行为,这是因为幼儿需要一种情感上的依赖和信任。教师应该最大限度地关心幼儿,多抱抱、亲亲他们,使幼儿对教师产生亲近感,形成新的依赖和信任。同时鼓励幼儿多与同伴玩耍,交新朋友,消除心理上的防线。如幼儿有睡眠时抓咬物品的行为,教师可以给他们讲故事,使他们的注意力转移到欣赏故事上,即进行情感转移。温馨和谐的心理环境是对幼儿不良生活行为的重要干预策略。提供多种形式的干预可以缓解幼儿的紧张和压力,消除困惑。

4. 游戏情境接纳,提高幼儿接触能力

对于孤僻、沉默的个性行为,如果一味强迫幼儿接触外界、开放自我,又会增加他们的心理压力,产生痛苦体验,更强化了他们的行为问题。因此,要以提高幼儿的接触能力为切入点,使幼儿逐渐适应外部环境,获得内外一致性。

游戏情境是培养幼儿接触能力的有效途径,以角色游戏为例,可以从鼓励幼儿扮演大众角色入手,过渡到单独承担角色,最后发展为主动选择角色。游戏中充满幻想的愉快氛围能极大限度地降低幼儿的恐惧心理,促进幼儿获得交往的成功体验,产生愉悦的积极情感,有效抑制幼儿的退缩行为。

5. 积极暂停,给予幼儿恰当惩罚

行为过度幼儿的主要表现是有攻击行为,其不良行为会影响他人。对待这类幼儿可以采取积极暂停方式。当不良行为发生时,应立即将他置于一个单调、乏味的安全空间。隔离时间长短可以遵循与年龄成正比的原则,比如一岁一分钟。隔离过程中不要给幼儿任何关注,确保隔离的原则性。积极暂停对于终止幼儿过度行为是安全有效的。将暂时隔离以示"惩罚"作为行为的后果代价,可以促使幼儿正确认识自身的行为过度,增加其自律性,促使幼儿养成良好的行为习惯。

6. 弹性塑造,实施侧面干预

弹性的行为塑造是指针对幼儿的不同行为做出选择后,有意忽略不恰当的行为,而以一种非常特定的方式鼓励幼儿的积极行为。特定鼓励是有效的强化塑造,也是一种积极期待。通过鼓励让幼儿明白自己为什么会得到表扬,成人的期待是什么,自己应该怎样做。通过体验被鼓励的快乐,幼儿能逐渐朝向好的方向发展。

7. 多方参与,增强干预效果

当幼儿不良行为明显时,可能存在心理方面的问题,教师应充分关注,必要时

应请专业的心理医生参与,通过心理治疗矫正问题行为。另外,教师可充分利用家庭影响,因为一个富有魅力的家庭教育氛围将直接影响幼儿的心理。由于幼儿的很多不良行为来自家庭的不当教养方式,因此,只有家长掌握了正确的教育方法,才能起到好的教育效果。

(三)注意事项

1. 慎重把握干预力度

对幼儿的不良行为实施干预要循序渐进。如果干预过度,后果适得其反;如果干预不力,则徒劳无功。因此,要从细微入手,量力而行,甚至要做到不留痕迹,潜移默化地改变幼儿的不良行为。

2. 灵活掌握干预策略

干预过程中一旦发生逆反效果,要及时终止干预,同时迅速分析原因,寻找其他有效途径。

3. 坚持干预

采取教育干预,要持之以恒。教育干预的过程要长效延伸,直到不良行为完全消失,使幼儿形成健康稳定的行为规范,这样干预才能真正有效。

四、幼儿心理常见问题及治疗

幼儿心理安全防护不当或者不够,可能会进一步导致其产生心理障碍或问题,甚至是心理疾病,因此,需要专业人士介入进行治疗。幼儿常见的心理问题有以下几种:

(一)说谎行为

1. 行为表现

说谎行为主要指幼儿所说的话与事实不符,用编造出来的话骗人的一种行为,是幼儿期孩子常见的一种正常现象。

说谎的类型有无意说谎和有意说谎。无意说谎指说谎行为本身不受主体自身控制,是一种无意识行为,表现为幻想与现实混同、认识不足而导致错误等表现形式。这类说谎与道德水平没有关系。有意说谎表现为否认错误、夸大成绩和有意欺骗等,是为达到某种目的或满足某种欲望而有意为之的行为。

2. 形成原因

(1)无意说谎的原因。一是由于幼儿认知水平有限造成的判断性失误。幼儿的大脑皮层发展不够完善,造成其判断思维能力不稳定。二是表达能力限制引起的说谎。由于幼儿词汇量有限,在用词方面存在很大困难,常常词不达意,被误认为是说谎。三是理解能力有限引起的说谎。幼儿的思维水平发展不够成熟,理解能力差,对成人的问题不理解而被动撒谎。

(2) 有意说谎的原因。5 岁左右幼儿的有意说谎开始萌芽,并带有一定的目的性。原因主要有以下几方面:

自身原因主要表现在开脱责任、逃避惩罚;取悦大人得到奖励。前者主要是由恐惧心理所致,如为逃避家长和教师的惩罚不得不通过说谎来保护自己。后者是幼儿想取悦家长或教师。幼儿这两类说谎行为都与成人的不当教育有关。

成人对幼儿的说谎也会造成影响,比如家长说谎,幼儿模仿,幼儿会认为说谎是正常行为。另外,教师、父母言语上的误导也会导致幼儿说谎,如成人常说敢于承认错误就是好孩子,孩子为了成为"好孩子"而说谎。

3. 教育建议

对于幼儿无意说谎行为不必大惊小怪,是幼儿成长中很正常的表现,随着他们年龄的增长和心智水平的提高,这种现象会逐渐消失。对于有意说谎只要采取相应教育策略,正确引导,也会逐渐得以改善。

(1) 尊重与信任幼儿。幼儿说谎动机是多样的,但不一定都是损人利己的,有时是展示自我的表现。成人应以理解的方式对待幼儿,要客观公正、实事求是,学会倾听,给幼儿充分信任,使幼儿感受到说谎并不可怕,依然可以被信任,从而保护他们的自尊心不受伤害。

(2) 正确引导强化诚实行为。当幼儿做出诚实行为时,成人要积极并及时地给予肯定,以使幼儿的良好行为得以强化。

(3) 成人以身作则,言传身教。幼儿具有极强的模仿能力,成人的一言一行都被幼儿看在眼里,因此,成人在日常生活中要注意自己的言行,不能自己说谎,更不能为了自己的利益误导幼儿说谎。

(4) 教师奖惩得当。奖励和惩罚都是为了强化良好行为,去除不当行为。如果表扬不当、惩罚不力,可能会适得其反。

(二) 口吃问题

1. 行为表现

口吃是幼儿常见的一种语言障碍,又被称为结巴,表现为不断重复开头的音节,拉长中间的某个字,讲话断断续续,一个字一个词甚至一个短语都可能不断重复。

2—5 岁的幼儿由于言语功能发育不成熟,掌握的词汇量有限,不能迅速选择词汇或流利地连接语声和词语,造成说话不连贯。这是语言发展阶段中的正常现象。随着年龄增长,语言发展可以跟上思维发展,幼儿的这种现象会逐渐消失。据统计,学龄前儿童真正患口吃的比例只有 1%—4%。多数幼儿口吃可以不治而愈。

2. 形成原因

(1) 生物因素。研究表明,口吃与遗传有关,与大脑两半球优势或某种脑功能障碍有关。

(2) 心理因素。儿童受到惊吓、被严厉斥责或惩罚、突然变换环境、家庭变故等都会引起幼儿恐惧、焦虑、愤怒等紧张情绪,极易造成口吃。

(3) 父母个性特征。父母关系不和谐,家庭氛围紧张,会对幼儿语言产生影响,造成他们表达不畅。

(4) 不当矫正强化。对于幼儿语言发育中的正常现象,如果刻意去纠正,不但不会改变,可能还会强化幼儿口吃,久而久之造成幼儿心理障碍。

3. 矫正策略

(1) 不过度关注。对幼儿早期出现的口吃现象,不要过度紧张和关注,成人的反应很重要,这将直接影响幼儿以后语言的发展。家长和教师要给予幼儿更多的耐心去听他们把话说完,不替他说,不打断他说,不议论、不嘲笑。

(2) 正确示范。家长和教师在幼儿面前说话要轻松、缓慢、平稳、规范,给幼儿创设一个良好的语言环境。

(3) 教幼儿掌握说话技巧。幼儿紧张时难免说话口吃,家长和教师要有意识地教幼儿放松,缓解压力。比如,可以让幼儿平躺在床上,收腹,慢慢从 1 数到 10,吸气,然后边呼气边说"放松",逐渐放松腹部。

(4) 系统脱敏法。模拟一些容易引起口吃的场景,减少幼儿紧张心理,比如朗读、回答问题时。家长在家可以多给幼儿做类似的练习,增加其自信。

(三) 攻击性行为

1. 行为表现

攻击性行为是指欲望得不到满足而采取有害他人、毁坏物品的行为。幼儿的攻击性行为常表现为打人、骂人、抢玩具等,通常在 3—6 岁出现高峰,且男孩暴力攻击居多,女孩语言攻击居多。

2. 形成原因

(1) 模仿。榜样学习不仅适用于亲社会行为,也适用于反社会行为。幼儿在实际生活或电视媒体中看到攻击性行为,常常会模仿。

(2) 娇宠。幼儿在宠溺中生活,自己为发泄不满而动手打家长的行为如果不被制止,会助长幼儿的打骂行为。

(3) 压抑。幼儿适度打闹是一种正常发泄情绪的行为,如果对任何打闹行为都严格控制,可能会使幼儿在某个时期爆发攻击性行为。

3. 教育建议

(1) 树立正确榜样。作为家长和教师要自己具有良好言行,尊重幼儿,不给幼儿贴负面标签。

(2) 满足幼儿合理需求。对于长期压抑、正当需求得不到满足而造成攻击性行为的幼儿,成人要在日常生活中了解并尽可能满足他们的合理需求,与幼儿保持良好的沟通习惯。

(3) 教给幼儿合理表达情绪的方法。当幼儿生气且不知道用什么词语表达自己的情绪时,可能会辱骂他人。因此,家长和教师要教给幼儿用合适语言表达自己情绪的方法,让幼儿学会讲理而不是骂人。

(4) 适度惩罚与奖励。幼儿的攻击性行为有时是为了获得成人的关注而故意为之。因此,家长和教师要关注幼儿,及时进行表扬鼓励,使幼儿的归属感得到满足。对一些不当行为可以采用"积极暂停"、"隔离"等方法。

(四) 退缩行为

1. 行为表现

退缩行为的特征是:胆小、怕事、羞怯;孤僻不合群,难以适应新环境;对客观现实采取被动或逃避行为。

2. 形成原因

(1) 教养方式不当,过分严厉或溺爱。有的家长把孩子关在家中独自玩耍,不让他与其他幼儿交往,有的家长对孩子过于溺爱,过分照顾与迁就,这都会使幼儿难以适应新环境,以致其出现如拒绝上幼儿园等逃避、退缩行为。有的家长对孩子使用暴力语言,也会造成孩子产生自卑、内向等退缩行为。

(2) 缺乏同伴联系。幼儿会感到孤独、无助,面对困难会没有足够的勇气面对。

(3) 家庭关系不和谐。这会导致幼儿自卑、缺乏安全感等。

(4) 个体素质。有的幼儿从小适应能力差,对新环境感到特别拘谨,不愿意接触人,若勉强去适应,过程艰难缓慢。

3. 矫正策略

(1) 建立良好的人际关系,形成归属感和安全感。如:建立良好的师幼关系;建立良好的同伴关系;建立良好的亲子关系。

(2) 培养自信心,形成积极的人生态度。家长和教师要以正面教育为主,对幼儿有合理期望,不盲目攀比,鼓励幼儿凡事努力尝试,抓住点滴进步及时鼓励。

(3) 采取合理的教育方法,如:游戏疗法,让幼儿在游戏中克服自身问题;同伴配对法,借助同伴力量帮助退缩型幼儿树立信心。此外,可以让有退缩行为的幼儿加入个性活泼的幼儿组,或与社会交往能力强的幼儿一对一交朋友;也可以让较小的玩伴与其配对,帮助有退缩行为的幼儿建立自信。

(五) 咬指甲

1. 形成原因

咬指甲反映的是一种心理情绪,如紧张、抑郁、沮丧、自卑感、敌对感等,造成该行为的原因可能是受关注不够或缺乏安全感。有些幼儿由于咬手指甲,会经常受到教师和家长的批评、训斥,反过来又会产生紧张、焦虑的情绪,成为继发性精神刺激因素。

2. 矫正策略

(1) 纠正幼儿咬指甲的习惯可以采用心理疗法和行为矫正法,以耐心和鼓励为主,平时多给予幼儿心理上的关注,消除造成幼儿紧张的因素,引导幼儿多参加一些娱乐活动,多交朋友,转移其注意力。

(2) 成人要有耐心和信心,不可体罚和大声训斥幼儿,不要粗暴地强行将幼儿的手指从嘴里拉出来,以免在潜意识中加重幼儿咬指甲的习惯。

(3) 培养幼儿良好的卫生习惯,常剪指甲。对于大一点的幼儿,成人可以给他们讲述咬指甲的危害。

纠正幼儿的咬指甲行为需要一个过程,应早发现早干预。

(六) 吮手指

1. 行为表现

在婴幼儿期,吮吸手指是一种常见的不良行为,2—3岁以后,幼儿的这种行为会逐渐减少。有一部分幼儿在寂寞无聊、饥饿、焦虑不安、疼痛或身体不舒服的时候仍然会吮吸手指。如果是偶然行为属于正常,但也要及时纠正,否则不良行为可能会固定下来。

2. 形成原因

(1) 爱的需求得不到满足。父母因工作无暇顾及幼儿,或者对幼儿要求过严,家庭成员关系紧张,使幼儿得不到充分的爱和关注。

(2) 缺少同伴交往。现在多数幼儿是独生子女,居住城市单元房,缺少充足的游戏空间和玩伴,加上电子游戏的增多,使得他们在孤独、寂寞、乏味时会不自觉地去吮手指,时间久了便成了习惯。

(3) 适应困难。当幼儿在新环境中不适应时,或者在紧张焦虑状态下也会产生这种行为。

(4) 模仿。有的幼儿是在幼儿园里从同伴那里学习到的行为。

(5) 教育不及时。吮吸行为会让幼儿产生快感,如果父母不及时进行教育和制止,时间久了也会形成习惯。

(6) 其他原因。当人在饥饿、身体不适的情况下,吮吸手指可以转移注意力,缓解身体的不适。如果经常出现,这种动作可能会变成习惯动作。

3. 矫正策略

(1) 尽量满足幼儿被关注的需求。例如,多与幼儿进行情感交流,肌肤接触,如陪伴他们做游戏、睡前给他们讲故事等,为他们提供一种安全感、满足感与幸福感,使幼儿安稳入睡。

(2) 为幼儿提供适合的玩具和场所。成人可鼓励幼儿多与同伴一起玩耍,安排一些合适的手工活动,尽量使他们的手不要闲着。

(3) 厌恶疗法。可在幼儿经常吮、咬的手指上放一些胡椒粉,或涂些黄连水等苦味剂,或缠上些胶布,使他们在吮、咬的时候产生一种厌恶感,可减少或消除这种行为。

(4) 负性活动练习。当幼儿的这种行为很严重时,可以规定其在一段时间里不停地吮、咬手指,直至感到不舒服、不愉快,促使其慢慢改掉这一习惯。

(5) 正确的教育与强化。在对幼儿进行矫治时,态度要亲切、语言动作要轻柔,不要大声训斥、恐吓、打骂。另外,当幼儿在矫治过程中有进步时,应及时给予表扬和鼓励。

(七) 选择性缄默(SM)

1. 行为表现

选择性缄默是指已获得语言能力的幼儿因为精神因素影响,在某些特定场合保持沉默不语,如在幼儿园里不讲话,但在家里讲话,跟在幼儿园判若两人。这种心理问题多在幼儿3—5岁时发生。

2. 形成原因

形成该行为的具体原因目前尚不确定,可能的原因有:

(1) 心理障碍。早期的 SM 个案研究认为,家庭因素如父母过渡保护是原因之一。最近有观点认为和忧虑症有关,因此,SM 也被称为儿童社会恐怖症。

(2) 行为障碍。行为学家认为 SM 是一系列被强加的消极的学习模式所造成的行为问题,是一种"以拒绝说话作为巧妙应对外界环境的惯常反应"。也就是说,缄默状态是患儿适应所处环境的一种方式,这是功能性的表现,是不良的外界环境所致。因此,这是一种适应行为而不是病态行为。

(3) 智力发育障碍。有专家认为 SM 与智力发育有关,与妊娠或分娩疾病有关,常合并咀嚼吞咽障碍、运动协调障碍及睡眠障碍。焦虑症状可能是认知困难所引起的,如在完成超过认知能力的任务时,幼儿个体工作记忆可利用的资源匮乏,焦虑随之加重,于是采取妥协方式完成任务。

(4) 言语或语言障碍。有研究发现 SM 患儿有言语或语言障碍。他们开始说话的时间明显晚于正常儿童,但也不仅仅是语言问题。

3. 矫正策略

(1) 心理治疗。心理学家认为 SM 是一种心理疾病,是社会恐怖症的一种表现,躯体或精神创伤是其根本原因,主张精神分析、心理治疗。心理治疗可以缓解患儿的内心冲突,强调个体化治疗,具体方法有心理暗示、心理辅导、精神分析法、认知治疗等。心理医师认为心理治疗是有效的,但这是一个需要长期坚持的过程。

(2) 行为治疗。行为治疗是心理治疗的一种特殊形式,而且效果明显。行为治疗可以帮助患儿调节情绪,克服急躁和焦虑。常用方法有正强化、负强化、脱敏法、录像自我模型法等。

(3) 家庭治疗。包括家庭教育和家庭游戏。家庭教育的目的是改善不健康的家庭环境和家庭关系,加强家长对 SM 的认识,给患儿创造一个适宜的家庭环境,改善家庭关系,减少粗暴呵斥,增加善意的鼓励。如患儿主动与客人交流(眼神、手势、躯体姿势、言语等)时给以适度鼓励,不强迫患儿说话;邀请患儿朋友、同学和老师来家中做客,同患儿一起游戏,让患儿在熟悉的环境中与他们进行交流。

(4) 学校和社会环境的参与和支持。给患儿创造一个良好的环境,多鼓励患儿讲话,不取笑其言语障碍、不恐吓捉弄等;多与患儿交流,不强求患儿语言应答,多鼓励患儿以各种形式回应;鼓励患儿单独与教师交流等。

生活中会对孩子造成心理阴影的100件事①

（1）父母经常吵架，担心他们离婚。

（2）一直认为父母是完美的，却发现他们有不良行为。

（3）父母离异。

（4）家庭成员之间感情不和或意见总不一致。

（5）被寄养在别人家里。

（6）生活在单亲家庭里。

（7）生活在重组家庭里。

（8）半夜醒来爸爸妈妈不见了。

（9）得不到父母的照顾。

（10）父母不孝敬老人。

（11）家中频繁更换保姆或直接照顾孩子的人。

（12）父母或较亲近的人患了较重的病。

（13）父母或较亲近的人突发意外。

（14）觉得父母不喜欢自己。

（15）没有心理准备的亲子分离。

（16）父母在孩子面前流露出悲观消极情绪。

（17）频繁搬家。

（18）没有与孩子沟通就转园。

（19）受父母打骂或体罚。

（20）被大人强迫吃东西或喝水。

（21）家人当着孩子的面对他人说孩子"不聪明"等话。

（22）被大人戏弄。

（23）被大人用各种理由欺骗。

（24）做错事被大人辱骂。

（25）提出的问题让大人感到烦躁或者大人听后发出讥笑。

（26）给孩子设立过多的禁区。

（27）哭的时候被强行禁止。

（28）被父母当作出气筒。

（29）经常被大人恐吓。

（30）被当众严厉地批评。

（31）自己的兴趣总是被大人压制。

（32）父母总拿孩子短处与别人的长处比较。

（33）父母经常当着孩子的面和他人议论自己。

（34）无论怎样努力也不能得到父母的认可。

（35）经常感受大人恶劣的体态语言，如没有好脸色等。

（36）被父母强迫做自己不喜欢做的事。

（37）父母过高估计了孩子的能

---

① 资料来源：http://www.kids21.cn/xinli/tpxw/201207/t20120710_136520.htm＃＃1。

力,总要求孩子做一些力所不能及的事。

(38) 父母给买的东西都不是孩子喜欢的。

(39) 被父母强迫按照他们的意愿装扮。

(40) 从小被错位养育。

(41) 有过独立呆在黑暗地方的经历。

(42) 听过可怕的故事。

(43) 看到暴力、血腥、恐怖的镜头。

(44) 受到同龄或大孩子的欺负。

(45) 听到过怪声。

(46) 做噩梦。

(47) 有过长时间在陌生地方独处的经历。

(48) 看牙医或打针。

(49) 被惊吓过。

(50) 遭受过性侵犯。

(51) 犯错误被当场抓住。

(52) 走丢过。

(53) 当众出丑。

(54) 把父母珍爱或别人的东西摔碎了。

(55) 心爱的玩具找不到了。

(56) 挨饿。

(57) 生过一场大病,有痛苦的治疗经历。

(58) 被人殴打过。

(59) 遇到过被坏人劫持。

(60) 受到大孩子的威胁或恐吓。

(61) 被拐卖过。

(62) 总是睡不够觉。

(63) 遭遇精神病人。

(64) 被某类公务人员(如警察)吓唬过。

(65) 在浴盆或泳池呛水。

(66) 异物卡住喉咙或进入耳朵。

(67) 受到动物的攻击。

(68) 被放在高处。

(69) 被烫伤过。

(70) 触电。

(71) 穿很紧的衣物或鞋子。

(72) 受过很严重的伤。

(73) 因贪食某种食物而生病。

(74) 被人冤枉或遭到不公平的待遇。

(75) 觉得自己不漂亮、不可爱。

(76) 被人嘲笑"长得胖"等。

(77) 被别人说"这么笨"等。

(78) 自我感觉好,但总不被别人承认。

(79) 得不到老师的宠爱,什么"好事"都轮不到。

(80) 和小朋友在一起总是不如别人。

(81) 家庭经济拮据,经常被小朋友嘲笑穿戴。

(82) 小朋友嘲笑自己的父母。

(83) 向别人求助时遭到拒绝。

(84) 因某种生理缺陷而被人侮辱、嘲笑。

(85) 小朋友总是不和自己玩。

（86）和小朋友一起玩总受到排挤。

（87）物质欲望得不到满足，别人有的东西自己总是没有。

（88）家人或老师偏心。

（89）和最好的"朋友"决裂。

（90）家人或老师辜负了自己的信任。

（91）尿床被别人知道了。

（92）幼儿园里有一个总跟自己"过不去"的老师。

（93）在一次重要比赛中输了。

（94）有亲人突然离世。

（95）看到别人家里有亲人离世。

（96）家中有人犯罪。

（97）目睹交通事故。

（98）家里的宠物意外丢失或死亡。

（99）动画片中自己喜爱的人物死了。

（100）目睹宰杀动物。

附录

附录一　美国幼儿园一日流程中的安全

安全问题在幼儿园都是头等重要的事情。由于中美两国在文化、教育观念上的差异，其幼儿园的安全理念和处理方式也各不相同。

一、入园安全

幼儿入园时，教师通常不会检查幼儿的书包、口袋等物件。他们认为，家长应该很清楚这些安全问题，不会给幼儿携带危险的小物件，家长应该会将安全隐患降到最低。在美国的幼儿园，幼儿可以戴小饰品，也可以涂指甲等，教师着装也没有特别规定，更没有统一的工作服。这和他们的观念有关，也与幼儿数量少有关系。

二、户外场地安全

美国幼儿园的户外场地通常有几种材质：木屑、光滑的小石子、沙子、草坪等，很少有水泥地面，即使有也是一个环形地带，仅供孩子们骑车使用。户外场地的松软质地大大减少了幼儿因摔倒在地上而磕碰的风险，即使幼儿摔倒在地，也不会造成太大伤害。美国幼儿园户外活动的安全性还在于合理的师幼比例。通常一所幼儿园每天入园的幼儿在 20 名左右，每当户外活动时，由 5—6 名教师同时看护 20 名幼儿，这让幼儿的安全系数大大提高。

美国幼儿园的户外运动环节(1)

美国幼儿园的户外运动环节(2)

在游戏中,幼儿偶尔也会摔倒,教师通常是抱着幼儿随地而坐,安抚一会就没事了。幼儿不可以争抢玩具,教师会极有耐心地给他们讲解规则。因此,幼儿极强的规则意识也是降低游戏风险的重要因素之一。

三、就餐中的安全

多数美国幼儿园不给幼儿准备午餐,即使是全日制的幼儿园,幼儿在中午吃的通常也是自带的午餐。美国人的饮食方式以凉食为主,所以幼儿就餐中不会存在烧伤或烫伤的问题。幼儿不使用筷子也就不用怕筷子伤人事故的发生。美国幼儿在就餐时,用手的机会很多,因此,确保幼儿手的卫生很关键。幼儿园可以任由幼儿在游戏时尽情玩,但一定会确保他们饭前便后的手部卫生。

教师在幼儿用餐前,会将桌子进行消毒处理,用餐后同样做消毒处理。教师在给幼儿分餐、加餐时,通常会戴一次性手套。

四、美国幼儿教师的安全意识

案例一:在一次户外活动中,一位幼儿要玩单杠游戏,由于单杠离地面有一定高度,他站在地上是无论如何也够不着的。于是,他想到一个办法,用圆木桩堆起来,自己企图站上去。在我看来,这是一个很聪明的做法,于是走过去帮助他把圆木桩搭高。这时,园长走过来,拉开了我,并且对孩子讲:你应该把圆木桩都搬走,并告诉他如何靠自己的努力够着单杠。我一时难以明白园长的用意,她告诉我,站在圆木桩上,幼儿有可能被棱角磕伤。拿掉木桩,幼儿即使摔倒,也是摔在松软的石子地面上,不会造成严重的伤害。

案例二:户外活动时,一个小女孩在尝试走轮胎,看到我站在旁边,伸手想让我扶一把。我很乐意地走上前把着她的胳膊,这时另一位教师看到后,把我拉开,说这样更容易扭伤孩子的胳膊,让她自己走,她会控制好身体平衡的。确实如此,在外力帮助下,幼儿反而不容易掌控自己的身体,造成受伤。

五、午睡中的安全

在美国西部的一些幼儿园里,幼儿通常在地上的垫子上睡觉,身上盖着一条薄薄的毯子,这避免了幼儿因盖被子窒息、从床上摔下等风险。尽管美国加州气温较高,却没有蚊蝇,幼儿园不需要为幼儿挂蚊帐,也不用点蚊香,这降低了睡眠中的风险。

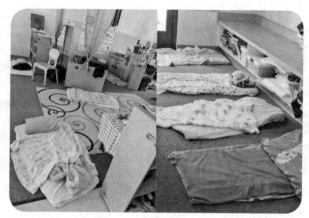

美国幼儿园的午睡环节

一个教室也就十几个幼儿,教师通常是能照顾过来的。午睡时拉上窗帘,播放轻音乐,幼儿可以抱着自己从家里带的玩偶,逐渐进入梦乡。美国幼儿园允许每个幼儿从家里带一个喜欢的玩偶陪伴他入睡,这大大满足了幼儿的情感需要和安全需要。

六、游戏、玩教具中的安全问题

美国的玩教具多种多样,以木质玩具居多。玩具主要以原木色为主,没有更多的色彩。即使有一些有色玩具,也绝对是在安全范围内的。幼儿也能使用真实的工具进行游戏,而且他们都知道如何正确使用。

美国幼儿园通常是没有围墙、没有门卫、没有其他围栏措施的,它是完全对社区开放的地方,学校和幼儿园随时可接纳来访人员,且进教室不需要换鞋。教室有两个门,都是敞开的,让室内外保持通透,让阳光可以直接进入室内。

美国幼儿园的真实玩教具(豆子等颗粒物、锤子等)

、美国幼儿园的户外玩教具

美国幼儿园的室内读书角

附录二 新加坡幼儿园安全手册
——安全、健康、卫生、营养

在幼儿园,为幼儿提供良好环境的一个重要标准就是安全。幼儿保育的重要目标是:在一个安全的环境中增强幼儿的身体健康。保育机构的计划是:让教师能够引导幼儿进行关于健康和安全的练习。

一、安全措施

(1) 所有幼儿可以进入的区域必须一直是零风险的。

(2) 电线的延长线应该让幼儿远离,并且不能给幼儿造成任何潜在的危险。

(3) 安全的程序应该是成熟的,并且教师能熟练操作。例如,在物品的表面或日常用药上标记清楚的使用说明,在放置有潜在危险的物品的地方标记简单的警告。

(4) 教师应该通过及时移动环境中的危险物品等方法,防止安全问题的发生。

(5) 教师与幼儿应经常性地讨论安全规则,并加以练习。

(6) 攀爬的设备应该放在柔软或有缓冲作用的垫子上,以防幼儿受伤。

(7) 应该给家长提供与安全练习相关的讯息,比如,在家里面安全存放有危险的物品。

(8) 安全栅栏有助于保护幼儿的安全。

二、幼儿的监管

(1) 幼儿应该被随时照看,即使是在睡觉的时候。

(2) 幼儿活动的区域应该在教师的视线范围内,并且配备可以照看的教师。

(3) 应该有安全到校和离校的规定,这个也可以促进家校联系。

(4) 安全入校和离校是家校联系最有效的时间。

三、消防和紧急预防项目

所有员工应做到以下几点:

(1) 熟悉疏散路线,并且每个月都应和幼儿进行疏散演练,知道政府指示的安全话题并了解附属的规则。

(2) 在与药物、急救相关的区域写下信息与注意事项。

(3) 进行恰当的实地考察,与相关的专家共同召开示范和分享的会议。

四、急救

(1) 所有员工应该接受过急救训练,坚持学习正确的有关健康、急救过程的知识。

(2) 急救指南对于教师来说应该是容易学得的。

五、健康和卫生习惯

(1) 所有教师应该接受关于观察幼儿一般疾病症状的培训,根据个人的需要选择适当的卫生程序。

(2) 幼儿的体温是需要每天进行检查的。

(3) 教师应该和家长经常讨论幼儿的健康问题和健康检查的结果。

(4) 健康检查还应包括幼儿的视力和牙齿检查。

(5) 为不舒服的幼儿准备医务室,幼儿可以在医务室里等父母到来。

(6) 托幼机构应该有专业的医务人员,以保证幼儿能够得到医疗照顾。

六、幼儿个人财产

(1) 幼儿个人用品(如:牙刷、杯子和床褥等),应该独立安放。

(2) 园内环境和设备的日常清洁对于预防感染是很有必要的。

(3) 教师和幼儿应该遵守正确的洗手程序,以减少疾病的传播。

- 用水将手打湿。

- 用适量的肥皂和香皂洗手。

- 双手按摩,打出肥皂泡,清洗手指间和手心手背的这一过程应持续 15 秒钟。

- 在流动的水下清洗双手。

- 用一次性毛巾或个人独立使用的毛巾擦干手。

- 用垃圾袋装使用过的毛巾并扔在垃圾桶内。

- 当协助一个幼儿洗手时,可举起幼儿或让幼儿站在坚固的台子上,以保证幼儿能够安全顺利地洗手。

- 应该有提醒教师和幼儿正确洗手的标志。

七、洗手的时间

(一) 教师

(1) 到托幼机构的时候。

(2) 在给幼儿分食物的时候。

(3) 在为幼儿换尿布或擦鼻子之后。

(4) 在接触血或其他体液后。

(5) 在陪幼儿或自己上洗手间之后。

(6) 在接触宠物之后。

(7) 在户外活动后。

(8) 在为幼儿或给自己取药之前。

(9) 在回家之前。

(二) 幼儿

(1) 在到达幼儿园时。

(2) 在吃饭或喝水前。

(3) 在和可能生病的人接触之后。

(4) 在换完自己的尿布之后。

(5) 在操场活动之后。

(6) 在接触宠物之后。

(7) 在回家之前。

八、食谱定制和提供服务

(1) 提供的食物应该是多样的,尽量不使用加工食品。

(2) 幼儿应该尝试不同味道、口感、烹饪方法的食物。

(3) 幼儿园应该尊重不同宗教和文化的幼儿的饮食要求。

(4) 有吸引力的食物可以激发幼儿尝试不同食物的兴趣。

(5) 应该有餐点和零食安排表,园所应考虑幼儿个人的需要。

(6) 成年人和幼儿在吃饭时的互动,可以为幼儿养成良好的进食习惯创造环境氛围。

(7) 吃饭应该是一个愉快的活动,在这个活动中,幼儿应该养成独立进食的习惯。

(8) 菜单要定期更新,以保证多样化,并且要适应节日需求。

九、与父母分享营养信息

(1) 在一天活动结束时,为幼儿父母提供一天的进食信息。

(2) 为父母提供营养信息、每个年龄段的饮食习惯以及食品加工的方法。

(3) 幼儿园应该接受父母的建议,并体现在菜单上。

(4) 父母应该通过各种活动加强关于营养重要性的意识,如:童谣或知识展览。